W0196479

Mitreden

Diskursive Landeskunde für Deutsch
als Fremd- und Zweitsprache

Claus Altmayer (Hrsg.)

Mitreden

**Diskursive Landeskunde für Deutsch
als Fremd- und Zweitsprache**

von
Eva Hamann
Christine Magosch
Caterina Mempel
Björn Vondran
Rebecca Zabel

Ernst Klett Sprachen
Stuttgart

1. Auflage   1 ⁵ ⁴ ³ ² ¹ | 2020 19 18 17 16

Alle Drucke dieser Auflage sind unverändert und können im Unterricht nebeneinander verwendet werden. Die letzte Zahl bezeichnet das Jahr des Druckes. Das Werk und seine Teile sind urheberrechtlich geschützt. Jede Nutzung in anderen als den gesetzlich zugelassenen Fällen bedarf der vorherigen schriftlichen Einwilligung des Verlags. Hinweis zu § 52 a UrhG: Weder das Werk noch seine Teile dürfen ohne eine solche Einwilligung eingescannt und in ein Netzwerk eingestellt werden. Dies gilt auch für Intranets von Schulen und sonstigen Bildungseinrichtungen. Fotomechanische oder andere Wiedergabeverfahren nur mit Genehmigung des Verlags.

Die in diesem Werk angegeben Links wurden von der Redaktion sorgfältig geprüft, wohl wissend, dass sie sich ändern können. Die Redaktion erklärt hiermit ausdrücklich, dass zum Zeitpunkt der Linksetzung keine illegalen Inhalte auf den zu verlinkenden Seiten erkennbar waren. Auf die aktuelle und zukünftige Gestaltung, die Inhalte oder die Urheberschaft der verlinkten Seiten hat die Redaktion keinerlei Einfluss. Deshalb distanziert sie sich hiermit ausdrücklich von allen Inhalten aller verlinkten Seiten, die nach der Linksetzung verändert wurden. Diese Erklärung gilt für alle in diesem Werk aufgeführten Links.

© Ernst Klett Sprachen GmbH, Rotebühlstraße 77, 70178 Stuttgart 2016
Alle Rechte vorbehalten.
www.klett-sprachen.de

Redaktion: Eva Neustadt, Claudia Kreuzer, Carina Janas
Layoutkonzeption: Marion Köster, Sandra Vrabec
Gestaltung und Satz: DOPPELPUNKT, Stuttgart
Umschlagidee: Christine Magosch
Umschlaggestaltung: Sandra Vrabec
Druck und Bindung: CEWE Stiftung & Co. KGaA, Germering
Printed in Germany
ISBN 978-3-12-675267-1

Inhaltsverzeichnis

Symbole und Abkürzungen

Symbol		Symbol		Abkürzung
🕐 15 min	Dauer	👤	Einzelarbeit	KV = Kopiervorlage, -n
📖	Leseverstehen	👥	Partnerarbeit	TN = Teilnehmende, -r, -n
✏	Schreiben	👥👤	Gruppenarbeit	
🎧	Hörverstehen	👥👥	Plenum	
💬	Sprechen			

Einführung

1. Was heißt „Diskursive Landeskunde"?

Die vorliegende Materialsammlung möchte Lehrende des Faches Deutsch als Fremdsprache dazu ermuntern, im meist wenig geliebten Fach ‚Landeskunde' etwas anders zu arbeiten, als sie das vielleicht bisher gemacht haben. Sicher denken auch Sie bei ‚Landeskunde' an Daten und Fakten über den deutschsprachigen Raum, von denen wir glauben, dass Deutschlernende sie kennen sollten, also Zahlen, Namen und Ereignisse insbesondere aus Geschichte und Geografie, aus der Wirtschaft, dem gesellschaftlichen und kulturellen Leben, aber auch aus dem Alltag der Menschen, die Deutsch als Muttersprache sprechen. Aber vielleicht denken Sie auch an die ‚interkulturelle Landeskunde', der es mehr um ein Verständnis der ‚fremden Kultur' geht und die den Deutschlernenden Kompetenzen vermitteln möchte, mit deren Hilfe sie sich in der ‚Kultur' des deutschsprachigen Raums zurechtfinden können?

Wir werden Ihnen in dieser Materialsammlung einen anderen Zugang zur ‚Landeskunde' präsentieren, von dem wir glauben, dass er aktueller und spannender ist und dem modernen Leben mehr entspricht als die vielen Daten, Zahlen und Fakten, aber auch mehr als die einfache Gegenüberstellung von ‚eigener' und ‚fremder Kultur', wie wir sie aus dem interkulturellen Ansatz kennen. Für diesen neuen Zugang zum Thema ‚Landeskunde' findet man in der Fachliteratur im Bereich Deutsch als Fremdsprache und in anderen Fremdsprachendisziplinen manchmal die Bezeichnung ‚kulturwissenschaftliche Landeskunde', weil dieser neue Trend tatsächlich von aktuellen Debatten innerhalb der internationalen Kulturwissenschaften stark beeinflusst worden ist. Wir haben uns hier aber für eine andere Bezeichnung entschieden, weil wir glauben, dass sie dem besser entspricht, worum es geht, nämlich ‚diskursive Landeskunde'. Damit soll zum einen deutlich gemacht werden, dass ‚Landeskunde' im Fach Deutsch als Fremdsprache nichts ist, was ein für alle Mal feststeht, dass vielmehr die Ziele und Inhalte des landeskundlichen Lernens sich immer wieder verändern und daher auch immer wieder neu bestimmt, eben ‚diskursiv' ausgehandelt werden müssen. Damit aber ist zum zweiten auch und vor allem gemeint, dass ‚Landeskunde' nicht unabhängig vom sprachlichen Lernen stattfindet, sondern ganz eng mit der Sprache zusammenhängt, dass ‚Landeskunde' eigentlich sogar erst mit und in der Sprache, genauer gesagt mit dem und im Sprachgebrauch, in ‚Diskursen', zustande kommt. Aber was heißt das? Das wollen wir in dieser kurzen Einführung ein wenig erläutern, um Sie auf die etwas ungewohnten Themen, Aufgaben und Übungen dieser Materialsammlung einzustimmen.

neuer Zugang zur Landeskunde

enger Zusammenhang zwischen sprachlichem und landeskundlichem Lernen

2. ‚Kultur‘, ‚Diskurs‘, ‚Deutungsmuster‘ – Grundbegriffe

Die der traditionellen und auch der interkulturellen ‚Landeskunde‘ zugrunde liegende Vorstellung, dass sich ‚Länder‘ oder ‚Kulturen‘ klar voneinander abgrenzen und ‚objektiv‘ beschreiben lassen, ist im Zeitalter der Globalisierung problematisch geworden. Die Welt des 21. Jahrhunderts ist ja nicht nur kleiner geworden, weil wir in alle Weltregionen reisen können, wir können uns auch ohne Zeitverzögerung mit Menschen überall auf der Welt verständigen und bekommen Informationen von überall her. Natürlich gibt es auch in der Zeit der Globalisierung noch erhebliche Unterschiede zwischen den verschiedenen Lebens- und Denkweisen der Menschen. Diese lassen sich aber nicht mehr so einfach mit bestimmten Ländern setzen, weil die Grenzen der Länder durchlässig geworden sind – nicht nur für Menschen, sondern vielleicht sogar noch mehr für das, was an Bildern, Informationen, Denkweisen, Lebensformen, Vorbildern, Geschichten, Erinnerungen und Deutungsangeboten anderswo entstanden ist. Menschen wachsen heute nicht mehr in der geschlossenen Welt ihrer Herkunftsregion oder ihres Nationalstaats auf, sie sind vielmehr gerade über die modernen elektronischen Medien, aber auch über Reisemöglichkeiten und die völlig normal gewordene Begegnung mit Menschen aus anderen Ländern und Kontinenten Einflüssen ausgesetzt, die sich mit den bisherigen Kategorien von ‚eigener‘ und ‚fremder Kultur‘ nicht mehr erklären lassen.

Im Rahmen kulturwissenschaftlicher Theorien und Konzepte ist daher in den letzten Jahren ein völlig neues Verständnis des Begriffs ‚Kultur‘ entwickelt worden, das sich mittlerweile auch in den Fremdsprachendidaktiken einzubürgern beginnt. Unter ‚Kultur‘ wird nämlich nicht mehr die so genannte Hochkultur verstanden, also Literatur, Musik, Ausstellungen usw., und auch die uns aus den Diskussionen über das Interkulturelle bekannte Auffassung, dass es sich bei ‚Kulturen‘ um meist national definierte Gruppen von Menschen handelt, die bestimmte Gemeinsamkeiten teilen und sich von anderen Gruppen – oder eben anderen ‚Kulturen‘ – abgrenzen lassen: Auch dieses Verständnis von ‚Kultur‘ wird heute so nicht mehr vertreten. Mit ‚Kultur‘ nach diesem neuen Verständnis beziehen wir uns vielmehr auf die Ebene der Bedeutungen, die wir der uns umgebenden Wirklichkeit, unseren Mitmenschen, uns selbst und unserem Handeln zuschreiben. Kultur liefert uns das, was wir brauchen, um die Wirklichkeit um uns herum, Gegenstände, bestimmte Situationen und Handlungen, auch unser eigenes Tun und Erleben als irgendwie sinnvoll wahrzunehmen.

Wenn wir nun von hier aus weiter danach fragen, wie Bedeutung überhaupt zustande kommt, dann kommt ein weiterer wichtiger Begriff ins Spiel, mit dem wir auch den Zusammenhang zwischen ‚Kultur‘ und Sprache klar machen können: der ‚Diskurs‘. Diesen Begriff, der ähnlich wie ‚Kultur‘ sehr vieldeutig ist und in vielen unterschiedlichen Kontexten Verwendung findet, wollen wir hier sehr vereinfacht definieren als eine Menge von thematisch zusammenhängenden Äußerungen, beispielsweise den Wissenschaftsdiskurs oder den Diskurs über Fußball usw. Darüber hinaus aber verweist der Begriff auch darauf, dass in solchen Diskursen gewisse soziale Regeln gelten, die bestimmen, *was wann, wie* und *von wem* zu bestimmten Themen geäußert werden kann. Diskurse basieren auch auf ‚Wissensordnungen‘, d.h. auf einem (thematischen) Vorwissen, an das wir als Teilnehmende an Diskur-

was Kultur nicht (mehr) ist

Kultur wird von Diskursen beeinflusst

sen anknüpfen und das uns mit Vordeutungen zu bestimmten Themen und Situationen versieht. Diese Vordeutungen bezeichnen wir als ‚Deutungsmuster' (im didaktischen Kommentar der einzelnen Einheiten auch ‚Muster' genannt).

Wie wir gerade gesehen haben, bilden sich in Diskursen mehr oder weniger stabile Wissensordnungen heraus, die uns mit Vordeutungen versehen und die überhaupt erst ermöglichen, dass wir im Diskurs gemeinsame Bedeutungszuschreibungen vornehmen können. Wir verweisen in Diskursen, d.h. in Gesprächen, in Texten, Medien, in jeder Art der Sprachverwendung auf diese als gemeinsam und allgemein bekannt unterstellte Wissensbasis, manchmal explizit, meistens aber implizit und ohne dies überhaupt zu reflektieren oder zu erwähnen. So ‚weiß' ich in einer Gesprächssituation zum Beispiel immer schon, dass mein Gegenüber im Gespräch ein Mann oder eine Frau ist, älter oder jünger, ich weiß, in welcher zeitlichen und räumlichen Situation das Gespräch stattfindet, um welche Art von Gesprächssituation es sich handelt, und in der Regel habe ich auch schon zum Thema des Gesprächs, sei es nun das Wetter oder sei es ein spezifisches politisches oder wissenschaftliches Problem, bestimmte Vordeutungen vorgenommen. Diese Vordeutungen sind möglich, weil wir als Teilnehmende an unterschiedlichen Diskursen die in diesen Diskursen verwendeten und stabilisierten Wissensordnungen und ihre Anwendung auf bestimmte Diskurssituationen erlernt und automatisiert haben. Die einzelnen Elemente oder Bausteine solcher diskursiven Wissensordnungen nennen wir eben ‚Deutungsmuster'. Dieser Begriff bezeichnet also die einzelnen Bestandteile jenes gemeinsamen oder als gemeinsam unterstellten Wissens, das wir bei jeder sprachlich-diskursiven Handlung für die Deutung der betreffenden Situation anwenden und als selbstverständlich bekannt voraussetzen, das uns mit bereits vorgegebenen Deutungsangeboten für bestimmte Situationen und auf dieser Basis auch mit Handlungsorientierung versieht. Als Beispiele seien hier die Kategorisierung von Personen als ‚Männer', ‚Frauen', ‚Deutsche' oder ‚Moslems', unsere zeitliche Orientierung mit Hilfe von Kalendern, unsere räumliche Orientierung etwa mit Hilfe der Einteilung der Welt in Länder und Kontinente oder auch werthafte Vorstellungen wie ‚Familie' oder ‚Gesundheit' usw. genannt.

Diskurse sind geprägt durch Vordeutungen, sogenannte Deutungsmuster

Deutungsmuster verleihen uns beim (Sprach-)Handeln Orientierung

Für die Landeskunde heißt das: Ihre Gegenstände sind nicht irgendwo in einer ‚objektiv' existierenden Wirklichkeit zu suchen, ihre Gegenstände sind die vor allem sprachlichen Äußerungen, mit denen wir der Wirklichkeit Bedeutung zuschreiben und mit denen wir diese als auch soziale und gemeinsame Wirklichkeit überhaupt erst herstellen. Beim Thema ‚Essen und Trinken' also geht es nicht darum, wie oder was ‚die Deutschen' oder ‚die Österreicher' oder ‚die Schweizer' essen oder trinken und was nicht, es geht darum, wie wir über Essen und Trinken sprechen und schreiben, auf welche ‚Deutungsmuster' wir dabei zurückgreifen und wie wir mit diesen sprachlichen Handlungen dem Thema Essen und Trinken bestimmte Bedeutungen zuweisen, wie wir diese Bedeutungen in der Interaktion aushandeln und wie wir versuchen, bestimmte Bedeutungen auch durchzusetzen und zu stabilisieren. Und das gilt analog natürlich auch für alle anderen Themen, mit denen wir uns im landeskundlichen Unterricht üblicherweise beschäftigen. Halten wir fest: Gegenstand der Landeskunde in dem Sinn einer ‚diskursiven' Landeskunde, wie wir sie vertreten, sind nicht Fakten oder kulturspezifische Verhaltensweisen, sondern Diskurse, die in Diskursen verwendeten Deutungsmuster und die auf dieser Basis diskursiv hergestellten und ausgehandelten Bedeutungen.

Gegenstand der Landeskunde sind Diskurse

Wenn wir von den hier bisher vorgestellten Diskussionen zu einer ‚diskursiven Landeskunde' ausgehen, dann rückt damit die ‚Landeskunde' nicht nur wieder sehr eng an die Sprache und den eigentlichen Sprachunterricht heran, vielmehr ergibt sich daraus auch ein ganz anderes Verständnis von Sprache, Sprachgebrauch und Sprachlernen, als wir es aus den verbreiteten Auffassungen einer kommunikativen oder interkulturellen Fremdsprachendidaktik kennen. Sprache, so haben wir ja gesehen, dient eben nicht nur dazu, sich in alltäglichen Situationen zurecht zu finden oder mit Menschen aus ‚anderen Kulturen' möglichst effektiv, reibungslos und erfolgreich zu kommunizieren, sie dient vor allem dazu, den Dingen und der Welt um uns herum Bedeutungen zuzuweisen, diese Bedeutungen mit anderen zu teilen, sie in der (sprachlichen) Auseinandersetzung mit anderen auszuhandeln und durchzusetzen usw., kurz: Sie dient dazu, an den diskursiven Praktiken einer Gesellschaft teilzuhaben. Indem wir eine Sprache erlernen, erwerben wir die Fähigkeit, an den diskursiven Praktiken in dieser Sprache teilzunehmen, und jede weitere Sprache, die wir erwerben, erweitert unsere Möglichkeiten der Teilhabe an der sozialen Aushandlung von Bedeutungen in Diskursen. Das klingt zunächst abstrakt und theoretisch, hat aber sehr konkrete und praktische Auswirkungen. Denn Teilhabe oder Partizipation an Diskursen und an der diskursiven Aushandlung und Durchsetzung von Bedeutungen heißt letztlich nichts anderes als Teilhabe am gesellschaftlichen, politischen und kulturellen Leben.

Teilhabe an Diskursen heißt Teilhabe am Leben

Für die Fremdsprachendidaktik heißt das, dass die im engeren Sinne sprachlichen Teilfertigkeiten wie Lesen, Sprechen, Hören und Schreiben natürlich weiterhin wichtig sind, dass sie aber nicht ausreichen. Der Fremdsprachenunterricht sollte die Lernenden nicht nur darauf vorbereiten, Alltagssituationen zu bewältigen, er sollte sie vielmehr zur aktiven und mündigen Teilhabe an den in der betreffenden Sprache geführten Diskursen befähigen, d.h. das übergreifende Ziel des Fremdsprachen- wie des Landeskundeunterrichts heißt: Diskursfähigkeit.

Diskursfähigkeit als Ziel

3. Diskursfähigkeit

‚Diskursfähigkeit' ist ein Begriff, der sich innerhalb der Fremdsprachendidaktiken gerade erst als Alternative zu übergreifenden fremdsprachlichen Lernzielorientierungen wie ‚kommunikative Kompetenz' oder ‚interkulturelle Kompetenz' zu etablieren beginnt. Ohne hier auf die Einzelheiten eingehen zu können, sollen damit im Rahmen einer diskursiven Landeskunde vor allem die folgenden sprachbezogenen Kernkompetenzen benannt sein:

Kernkompetenzen einer diskursiven Landeskunde

- die Fähigkeit von Fremdsprachenlernenden, an Bedeutungskonstruktionen in der Fremdsprache mitwirken, diese erweitern und hinterfragen zu können,
- die Fähigkeit, Diskurspluralität, d.h. das Nebeneinander unterschiedlicher Positionen, Perspektiven und Meinungen im Diskurs, anzuerkennen und auszuhalten, und
- die Fähigkeit, die Praktiken der Bedeutungsproduktion im Diskurs zu durchschauen

Was das konkret bedeutet und wie man solche Ziele im Umgang mit deutschsprachigen Diskursen entwickeln und fördern kann – das wollen wir in dieser Materialsammlung zeigen und Sie einladen, das auch in Ihrem Unterricht auszuprobieren.

4. Was erwartet Sie in den drei Modulen des vorliegenden Bandes?

Diskurse sind, wie gesagt, vor allem um einzelne Themen herum organisiert. So sprechen wir eben von Diskursen über Fußball, über Essen und Trinken, über Migration oder über Sozialpolitik. Aus diesem Grund haben wir uns in dieser Materialsammlung auch an Themen orientiert, bei denen wir davon ausgehen, dass sich mit ihnen nicht nur wichtige Aspekte fremdsprachiger Diskursfähigkeit fördern lassen, sondern dass sie auch für Lernende des Deutschen als Fremdsprache interessant sind. Bei der Entwicklung des didaktischen Materials, d.h. bei der Textsuche und Aufgabenerstellung, haben wir uns an folgenden methodisch-didaktischen Prinzipien orientiert, die zum Aufbau von Diskursfähigkeit förderlich sind:

- Auswahl möglichst authentischer und vielseitiger Texte und Textsorten, die in den jeweiligen thematischen Diskursen auffindbar sind.
- Auswahl von multiperspektivischen Texten, die die Pluralität von Bedeutungen und Diskurspositionen deutlich machen.
- Subjektorientierung und Ausrichtung an erwachsenen Lernenden, die durch ihre Sozialisation in bestimmten Diskursen immer schon (Vor-)Wissen (in Form von kulturellen Mustern), aber auch Interessen, Standpunkte bzw. Diskurspositionen mitbringen. Diese sollten als Grundlage des Lernprozesses ernst genommen und an diese sollte angeknüpft werden.
- Problemorientierung, d.h. die Schaffung von ‚Irritationsmomenten' (durch mehrdeutige, widersprüchliche Wirklichkeitsdarstellungen im Material). Lernende haben die Möglichkeit, sich selbst (echte) Fragen zu stellen. Dies ermöglicht es, sich eigener und neuer Deutungsmuster und Diskurspositionen bewusst zu werden.
- Verwendung vielfältiger Sozialformen und Methoden, die ‚offen' sind für (echte) Fragen und Antworten der Lernenden, d.h. für deren subjektive Bedeutungskonstruktionen in der Auseinandersetzung mit Diskursen.

In der jeweils ersten Einheit der drei Module – der Auftakteinheit – (re)konstruieren die Lernenden zunächst selbst Aussagen zu jeweils relevant gesetzten thematischen Diskursausschnitten (*Wer sind Sie? Was würden Sie einkaufen, in welchem Supermarkt, und warum? Wohin würden Sie reisen und warum?*) und aktivieren dabei die ihnen verfügbaren Deutungsmuster. In den darauf folgenden Einheiten geht es zum einen darum, dass die Lernenden in der Auseinandersetzung mit den zur Verfügung gestellten Texten, die ihnen beim Textverstehen jeweils individuell verfügbaren Deutungsmuster aktivieren und dadurch Bedeutungen (re)konstruieren, diese in der Gruppe aushandeln, reflektieren und ggf. auch verändern. Dabei wird aus einer Metaebene immer wieder auch auf das *Wie* der Bedeutungsproduktion geschaut und die prinzipielle Pluralität von Standpunkten und Diskurspositionen thematisiert. Eine wichtige Rolle spielt dabei das rhetorische Argumentieren. Insbesondere kooperative Methoden, wie u. a. das Think-Pair-Share, mit denen individuelle Bedeutungskonstruktionen, aber v. a. auch die Aushandlung und der Austausch von Bedeutungen in Partner- und Gruppenarbeit gefördert werden können, scheinen uns dafür besonders ertragreich. Einheit 3 „Die Kuh als Klimakiller" des Moduls Essen vermittelt funktionale und sprachliche Grundlagen des Argumentierens und kann als Übungseinheit auch in die anderen Module eingebaut werden.

methodisch-didaktische Prinzipien

Aufbau der Module

In den späteren Einheiten jedes Moduls wirken die Lernenden durch die Schaffung eigener ,Texte' aktiv an Bedeutungskonstruktionen mit und erweitern damit ihren eigenen Fundus an Deutungsmustern, aber auch den gesellschaftlichen Diskurs. In diesen Produkten sollen sie die ggf. veränderten oder bewusst aufrecht erhaltenen Muster anwenden, diese kritisch hinterfragen, mit ihnen spielen oder sich auch distanziert-ironisch zu ihnen verhalten können. In einer letzten, das Modul abrundenden Einheit reflektieren die Lernenden das im Modul Gelernte, indem sie sich noch einmal die eingangs gestellte Frage stellen. Idealerweise geschieht die Beantwortung der Frage nun komplexer und reflektierter als am Anfang des Moduls.

Vor den drei Modulen (Menschen auf der Niveaustufe A2, Essen auf der Niveaustufe B1, Mobilität auf der Niveaustufe B2) wird jeweils ein methodisch-didaktischer Überblick mit Themenfeldern, Dauer, Lehr-/Lernzielen, Materialien und Fertigkeiten gegeben. Die Angaben der Niveaustufen sind als Orientierung zu verstehen. Je nach Gruppe kann eine zusätzliche Vorentlastung (z. B. durch Wortschatzarbeit) sinnvoll sein. Jede Einheit enthält zunächst ausführliche didaktische Hinweise. Diese enthalten neben Unterrichtsempfehlungen für die Lehrenden, mögliche Lösungen sowie Angaben zu obligatorisch oder fakultativ durchzuführenden Aufgaben und Hinweise zu den Kopiervorlagen, welche sich an den didaktischen Kommentar jeder Einheit anschließen.

Online-Code: dw8g39k

Zusätzlich zu den im Buch befindlichen Kopiervorlagen stehen Ihnen ausgewählte Materialien, z. B. längere Texte, Videos und alle in den Einheiten thematisierten Bilder in Farbe online zur Verfügung. Geben Sie dazu den angegebenen Online-Code auf **www.klett-sprachen.de** ein. Detaillierte Lösungen zu einzelnen Aufgaben befinden sich im Anhang (ab S.118).

Die Piktogramme am Seitenrand zeigen auf einen Blick, welche Zeitspanne für die jeweiligen Einheiten anzusetzen ist, welche Fertigkeiten trainiert werden und in welchen Sozialformen die Einheit erarbeitet werden sollte.

Bleibt uns zum Schluss noch, Ihnen beim Durcharbeiten dieser Materialsammlung, bei der Erstellung eigener Materialien und Aufgaben und bei der Erprobung in Ihrem eigenen Unterricht viel Erfolg, Ausdauer und nicht zuletzt auch Spaß zu wünschen!

Leipzig, im Dezember 2015

Claus Altmayer
Eva Hamann
Christine Magosch
Caterina Mempel
Björn Vondran
Rebecca Zabel

Modul Menschen

A2

Einheiten	Seite

1. Selbstbilder – Auftakt
16

Dauer: ca. 15 Minuten

Lernziele:
- kann an Bekanntes anknüpfen
- kann an der Bedeutungsproduktion in der Fremdsprache mitwirken

Materialien: KV 1	**Fertigkeit:** Schreiben

2. Mitmenschen
18

Dauer: ca. 60 Minuten

Lernziele:
- kann Formen und Praktiken der Bedeutungsproduktion in der Fremdsprache (in Bildern) erkennen (hinterfragen und diese erweitern)
- kann Diskurspluralität und alternative Diskurspositionen (an)erkennen
- kann an der Bedeutungsproduktion in der Fremdsprache mitwirken (und diese erweitern)

Materialien: KV 2; Foto in Farbe (online)	**Fertigkeiten:** Sprechen, Schreiben

3. Typisch Mann, typisch Frau?
21

Dauer: ca. 30 Minuten

Lernziele:
- kann Formen und Praktiken der Bedeutungsproduktion in der Fremdsprache erkennen (hinterfragen und diese erweitern)
- kann Diskurspluralität und alternative Diskurspositionen (an)erkennen
- kann an der Bedeutungsproduktion in der Fremdsprache mitwirken (und diese erweitern)

Materialien: KV 3	**Fertigkeiten:** Schreiben, Sprechen

4. Unternehmen: Frauen zu Hause
23

Dauer: ca. 160 Minuten

Lernziele:
- kann Formen und Praktiken der Bedeutungsproduktion in der Fremdsprache (in Werbespots) erkennen (und diese erweitern)
- kann Diskurspluralität und alternative Diskurspositionen (an)erkennen
- kann den eigenen Standpunkt / Diskursposition vertreten (hinterfragen und erweitern)
- kann unbekannte Standpunkte / Diskurspositionen verstehen
- kann an der Bedeutungsproduktion in der Fremdsprache mitwirken (und diese erweitern)

Materialien: KV 4–7; Werbespots (online)	**Fertigkeiten:** Lesen, Sehen, Sprechen

5. Schilderwelten	30
Dauer: ca. 115 Minuten	
Lernziele: ■ kann an der Bedeutungsproduktion in der Fremdsprache mitwirken (und diese erweitern) ■ kann Formen und Praktiken der Bedeutungsproduktion in der Fremdsprache (in Straßenschildern, Forumsbeiträgen, Kolumnen) erkennen (hinterfragen und erweitern) ■ kann den eigenen Standpunkt / Diskursposition vertreten (hinterfragen und erweitern) ■ kann unbekannte Standpunkte / Diskurspositionen verstehen	

Materialien: KV 8–10	**Fertigkeiten:** Lesen, Schreiben, Sprechen

6. Nationale Identitäten	35
Dauer: ca. 120 Minuten	
Lernziele: ■ kann an der Bedeutungsproduktion in der Fremdsprache mitwirken (und diese erweitern) ■ kann Formen und Praktiken der Bedeutungsproduktion in der Fremdsprache (in Fußballkarten, Kampagnen) erkennen (hinterfragen und erweitern) ■ kann den eigenen Standpunkt / Diskursposition vertreten (hinterfragen und erweitern) ■ kann unbekannte Standpunkte / Diskurspositionen verstehen	

Materialien: KV 11–16	**Fertigkeiten:** Lesen, Schreiben, Sprechen

7. Personenpuzzle	44
Dauer: ca. 45 Minuten	
Lernziele: ■ kann an der Bedeutungsproduktion in der Fremdsprache mitwirken (und diese erweitern) ■ kann Diskurspluralität und alternative Diskurspositionen (an)erkennen	

Materialien: KV 17; pro Gruppe ein Personenpuzzle (KV 18 oder online)	**Fertigkeiten:** Lesen, Sprechen

8. Wir bauen einen Menschen	47
Dauer: ca. 75 Minuten	
Lernziele: ■ kann an der Bedeutungsproduktion in der Fremdsprache mitwirken und diese erweitern ■ kann Formen und Praktiken der Bedeutungsproduktion erkennen und reflektieren ■ kann Diskurspluralität und alternative Diskurspositionen (an)erkennen	

Materialien: KV 19, 20; pro TN eine Figur (KV 21)	**Fertigkeiten:** Sprechen, Hören, Schreiben

9. Selbstbilder – Reflexion	51
Dauer: ca. 45 Minuten	
Lernziele: ■ kann an der Bedeutungsproduktion in der Fremdsprache mitwirken und diese erweitern ■ kann Formen und Praktiken der Bedeutungsproduktion erkennen und reflektieren ■ kann Diskurspluralität und alternative Diskurspositionen (an)erkennen	

Materialien:	**Fertigkeiten:**
KV 22	Sprechen, Hören, Schreiben

1. Selbstbilder – Auftakt

15 min

Lernziele:
- kann an Bekanntes anknüpfen
- kann an der Bedeutungsproduktion in der Fremdsprache mitwirken

Materialien:
KV 1

Didaktischer Kommentar:
1. Die Aufgabe dient der Vorwissensaktivierung. Die Lernenden schreiben sich durch die Selbstcharakterisierung (unbewusst) Kategorien zu (z. B. Geschlecht, Hobbys, Musik, Kleidungsstil, aber auch Nationalität und Religion könnten Kategorien der Selbstcharakterisierung sein). Diese Kategorien und die Art und Weise des Kategorisierens sind zentraler didaktischer Inhalt des Moduls Menschen.
Die Aufgabe wird in Einheit 9 wiederholt (KV 22) und kann am Ende des Moduls für einen Vergleich der beiden Selbstbeschreibungen genutzt werden. Idealerweise hat sich die Selbstcharakterisierung der TN im Verlauf des Moduls verändert und sie erkennen, dass ihre veränderten Selbstbeschreibungen auf die stärkere Reflexion von (Selbst-)Kategorisierungen zurückzuführen sind.

Anmerkungen:
Die Aufgabe kann gut als vorbereitende Hausaufgabe gestellt werden.

Selbstbilder – Auftakt

1. Beschreiben Sie sich selbst.

© Ernst Klett Sprachen GmbH, Stuttgart 2016 | www.klett-sprachen.de | Alle Rechte vorbehalten
Von dieser Druckvorlage ist die Vervielfältigung für den eigenen Unterricht gestattet.
ISBN 978-3-12-675267-1

2. Mitmenschen

60 min

Lernziele:
- kann Formen und Praktiken der Bedeutungsproduktion in der Fremdsprache (in Bildern) erkennen (hinterfragen und diese erweitern)
- kann Diskurspluralität und alternative Diskurspositionen (an)erkennen
- kann an der Bedeutungsproduktion in der Fremdsprache mitwirken (und diese erweitern)

Materialien:
KV 2, Foto in Farbe. (Dazu Klett-Online-Code **dw8g39k** auf www.klett-sprachen.de eingeben.)

Didaktischer Kommentar und mögliche Lösungen:
Einheit 2 zielt wie die Einheit 1 darauf ab, Kategorisierungen vorzunehmen. Zunächst wird ein Foto beschrieben und eine Geschichte oder ein Dialog dazu geschrieben. Dabei werden bereits bekannte Muster genutzt, um Menschen, Dinge oder Situationen zu beschreiben. Solche Beschreibungen sind Interpretationen, d.h. schon die Beschreibung einer Person als ‚Mann' oder ‚Frau' ist eine Interpretation bzw. Zuschreibung. Dass eine Person z.B. ‚arm' und ‚obdachlos' oder ‚reich' und ‚modisch gekleidet' ist, ist (im Rahmen einer Bildbeschreibung) ebenfalls eine Interpretation bzw. Zuschreibung. Durch diese Interpretationen werden Personen, Dinge oder Situationen klassifiziert und typisiert und dadurch auch beschreib- und identifizierbar. Was es für den einzelnen Menschen bedeutet, tatsächlich in der Position ‚arm' oder ‚reich' zu sein, ist eine andere Frage.
Das Foto liefert Anhaltspunkte für Interpretationen, die jedoch nur erkannt werden können, wenn dafür bereits Muster bekannt sind. Bei Sinngebungsprozessen (etwa einer Bildbeschreibung oder dem Erzählen einer Geschichte) wenden die Lernenden gleiche, ähnliche oder auch unterschiedliche Muster an und erkennen gleiche, ähnliche oder auch komplett andere Personen, Dinge und Situationen (bzw. erfinden gleiche, ähnliche oder unterschiedliche Dialoge und Geschichten).

1a. Die TN aktualisieren durch die Bildbeschreibungen ihnen bekannte Muster.

1b. Beim Austausch mit einem Partner erkennen die TN, dass sie Gleiches oder Unterschiedliches sehen. Fragen Sie, wie es kommt, dass wahrscheinlich alle eine Person, ‚die kein Geld hat' und eine, die ‚wohlhabend' oder ‚selbstsicher' ist, erkannt haben.

1c. Die TN sollten erkennen, dass sie ‚ähnliche' oder ‚unterschiedliche' Geschichten / Dialoge schreiben, weil sie ‚ähnliche' oder ‚unterschiedliche' Muster anwenden. Die W-Fragen dienen einerseits als Gerüst für die Strukturierung der Geschichte und gewährleisten andererseits, dass die TN Aussagen zu Personen, Schauplatz usw. machen, die dann vergleichbar sind.

1d. Die TN präsentieren ihre Texte im Kurs.

1e. Notieren Sie Gleiches und Unterschiedliches der Geschichten / Dialoge an der Tafel. Die TN sollten erkennen, welche (ähnlichen oder unterschiedlichen) Muster sie anwenden. Wenn z.B. viele TN einer Person die Rolle zuschreiben, kann das darauf zurückgeführt werden, dass sie Personen in der abgebildeten Pose sitzend mit einem Gefäß vor sich bisher zumeist als ‚Bettler' kennen gelernt haben. Genau dieses Muster wird bei der Bildbetrachtung ereignisbezogen aktualisiert und rekonstruiert. Gegebenenfalls können Sie als Lehrkraft bestimmte Zuschreibungsobjekte (Bettlerin, Einkaufsboulevard, …) in den Geschichten / Dialogen der TN identifizieren, diese an die Tafel schreiben und dann noch einmal explizit nach Charakterisierungen zu diesen Zuschreibungsobjekten fragen. Fragen Sie sich und Ihre TN, ob es einen Unterschied macht, ob dort eine Frau oder ein Mann sitzt oder auch eine Person mit anderer Kleidung. Wie verändert sich dadurch der Blick auf die Person bzw. die Geschichte? Sie sollten alsdann das Einverständnis der anderen Teilnehmenden erfragen (Sind Sie einverstanden? Passen diese Charakterisierungen?). Bei Einverständnis können Sie den TN erläutern, dass dies mit denselben Mustern zu tun hat, die die TN in ihrer Sozialisation erfahren haben. Wenn es unterschiedliche Deutungen gibt, ist dies durch unterschiedliche Muster der TN, aber auch mit ähnlichen Charakterisierungselementen (Straßenmusiker und Bettler sammeln Geld; in Einkaufsboulevard und Geschäftsviertel gibt es jeweils viele Menschen mit Geld) und entsprechenden Uneindeutigkeiten und Mehrdeutigkeiten des Textes ‚erklärbar'. Wichtig ist: Die Bedeutung eines Textes / Fotos existiert nicht an sich. Die Bedeutung eines Textes / Fotos kann nur von den Deutenden, also den TN selbst, aufgrund ihrer verfügbaren Muster hergestellt werden.

Anmerkungen:
Unterstützen Sie die TN gegebenenfalls mit fehlendem Wortschatz. Erläuterungen können – wenn möglich – auch in der Ausgangssprache der Lernenden erfolgen.

Mitmenschen

1a. Sehen Sie sich das Bild an. Was sehen Sie? Machen Sie Notizen.

Ich sehe ...

_____

_____

_____

1b. Tauschen Sie sich mit einem Partner aus. Sehen Sie Ähnliches oder Unterschiedliches? Warum ist das so?
Woran erkennt man Frauen / Männer / Bettler / Geschäftsfrauen ... ?

Man erkennt jemanden ...

| an der Körperhaltung | an der Frisur | an der Kopfbedeckung | am Kleid | an den Schuhen |
| am Blick | an der Handtasche | an der Kleidung |

1c. Schreiben Sie gemeinsam zu dem Bild eine kurze Geschichte oder einen Dialog. Beachten Sie dabei folgende W-Fragen:

- Wo spielt die Geschichte / der Dialog?
- Wer sind die Personen?
- Wann spielt die Geschichte / der Dialog?
- Wie ist die Beziehung zwischen den Personen?
- Was ist das Thema?

1d. Lesen Sie Ihre Geschichte / Ihren Dialog vor.

1e. Vergleichen Sie die Geschichten und Dialoge. Worin sind sie sich ähnlich? Worin unterscheiden sie sich?
Was ist der Grund dafür?

© Ernst Klett Sprachen GmbH, Stuttgart 2016 | www.klett-sprachen.de | Alle Rechte vorbehalten
Von dieser Druckvorlage ist die Vervielfältigung für den eigenen Unterricht gestattet.
ISBN 978-3-12-675267-1

3. Typisch Mann, typisch Frau?

Lernziele:

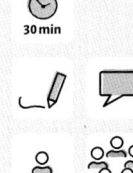

- kann Formen und Praktiken der Bedeutungsproduktion in der Fremdsprache erkennen (hinterfragen und diese erweitern)
- kann Diskurspluralität und alternative Diskurspositionen (an)erkennen
- kann an der Bedeutungsproduktion in der Fremdsprache mitwirken (und diese erweitern)

Materialien:
KV 3

Didaktischer Kommentar und mögliche Lösungen:
Auch in Einheit 3 geht es darum, Kategorisierungen bzw. Typisierungen vorzunehmen und diese zu reflektieren (vgl. didaktischer Kommentar Einheit 2).

1a. Die TN ordnen die vorgegebenen Wortgruppen den Kategorien ‚Mann‘ und ‚Frau‘ sowie den 3 Bereichen ‚Körper / Aussehen‘, ‚Charakter‘ und ‚Aufgaben‘ zu. Durch die Zuordnungsaufgabe lernen die TN zum einen noch nicht bekannte Begriffe kennen. Zum anderen werden sie durch das Zuordnen für Attribute und Kategorien, derer man sich beim Erkennen, Beschreiben und Identifizieren von etwas bedient, sensibilisiert. Die Zuordnung fällt dabei nicht immer leicht (eine mögliche Lösung finden Sie im Anhang, S.118). Wohin gehört z.B. ‚raucht‘? Gehört es zum Aussehen, da derjenige gelbe Finger hat und man sofort erkennt, dass er raucht oder handelt es sich um eine Charaktereigenschaft und bewerte ich dies als positiv oder negativ? Im Anschluss an die Lerneraktivität lohnt es sich, diese Kategorien zu hinterfragen. Nicht eindeutige bzw. noch zu diskutierende Begriffe können in der Spalte Sonstiges notiert werden.
Durch das Zuordnen von typischen Kategorien wird deutlich, dass es sich hierbei um Zuschreibungen handelt, an denen man selbst mitwirkt und typische Kategorien damit auch selbst rekonstruiert.
Da diese Frage dann in der folgenden Aufgabe im Mittelpunkt steht, müssen an dieser Stelle getroffene Entscheidungen und Zuordnungen noch nicht unbedingt hinterfragt bzw. kritisiert werden.

1b. Die Aufgabe erlaubt und fördert es, ‚typisch männliche‘ Attribute auch Frauen und ‚typisch weibliche‘ Attribute auch Männern zuzuordnen. Bestenfalls ergibt sich ein Gespräch darüber, welche Eigenschaften sowohl Frauen als auch Männern zugeordnet werden können. Dennoch sollte thematisiert werden, dass bestimmte Attribute als ‚typisch‘ für Frauen und andere als ‚typisch‘ für Männer angesehen werden. Über eben jene Typisierungen werden Männer und Frauen erst als solche beobachtbar, beschreibbar und identifizierbar. Sprechen Sie darüber, dass ‚typische‘ Kategorien das Beobachten, Beschreiben und Identifizieren überhaupt erst ermöglichen, die Zuordnungen jedoch immer auch anders möglich sind. Versuchen Sie deshalb auch mit den TN Beispiele aus ihrer Alltags- und Erfahrungswelt zu finden, bei denen typische Zuschreibungen gebrochen werden und Männer oder Frauen untypische Rollen / Aufgaben übernehmen.

Typisch Mann, typisch Frau?

1a. Was ist ,typisch Mann', was ist ,typisch Frau'? Ordnen Sie zu. Manche Aussagen passen mehrfach.

hat lange Haare | hat kurze Haare | trägt Kleider | trägt Anzug | hat einen Bart | ist stark |
ist schwach | macht den Haushalt | raucht | putzt die Wohnung | putzt das Auto |
liebt Blumen | backt Kuchen | geht arbeiten | ist Maurer/in | ist Friseur/in | erzieht die Kinder |
bringt die Kinder ins Bett | liebt Autos | will unabhängig sein | will Sicherheit |
trifft Freunde zum Bier | macht Kraftsport | ist Mutter | ist Vater | saugt Staub |
bekommt Kinder | liebt Frauen | liebt Männer

	MANN	FRAU
Körper / Aussehen	trägt Anzug	
Charakter		
Aufgaben		ist Mutter
Sonstiges		

1b. Vergleichen Sie Ihre Ergebnisse im Kurs. Sind Sie alle einer Meinung? Diskutieren Sie.

 © Ernst Klett Sprachen GmbH, Stuttgart 2016 | www.klett-sprachen.de | Alle Rechte vorbehalten
Von dieser Druckvorlage ist die Vervielfältigung für den eigenen Unterricht gestattet.
ISBN 978-3-12-675267-1

KV 3

4. Unternehmen: Frauen zu Hause

Lernziele:

- Kann Formen und Praktiken der Bedeutungsproduktion in der Fremdsprache (in Werbespots) erkennen (und diese erweitern)
- kann Diskurspluralität und alternative Diskurspositionen (an)erkennen
- kann den eigenen Standpunkt / Diskursposition vertreten (hinterfragen und erweitern)
- kann unbekannte Standpunkte / Diskurspositionen verstehen
- kann an der Bedeutungsproduktion in der Fremdsprache mitwirken (und diese erweitern)

Materialien:

KV 4–7, Werbespots von Dr. Oetker und Vorwerk. (Dazu Klett-Online-Code **dw8g39k** auf www.klett-sprachen.de eingeben.)

Didaktischer Kommentar und mögliche Lösungen:

1. Führen Sie im Plenum anhand eines Assoziogramms in das Themenfeld ein. Es geht darum, Wortschatz zum Themenfeld ‚Haushalt' zu aktivieren und gegebenenfalls zu erweitern. Dabei rufen die TN für sie charakteristische Elemente des Musters ‚Haushalt' auf.

Das Assoziogramm könnte z.B. so aussehen:

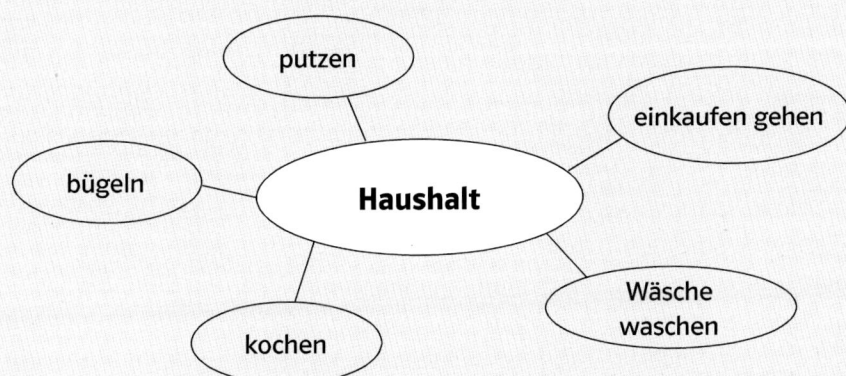

2. In der Aufgabenfolge 2 steht ein Werbespot von Dr. Oetker aus den 1950er Jahren im Zentrum.

2a. Die TN sehen sich den Werbespot mehrmals an und machen Stichpunkte zu den Fragen. Bevor die Ergebnisse im Plenum gesammelt werden, tauschen sich die TN mit einem Partner aus.

Die Frage *Woran erkennen Sie das?* zielt explizit auf die Form, also auf filmtechnische Besonderheiten wie z. B. Setting, Perspektive, Farbgebung, Musik und Sprecher, ab. Je nachdem welches Vorwissen die TN mitbringen, bietet es sich an, die Frage nach dem Alter des Clips an den Anfang des Unterrichtsgesprächs zu stellen. Davon ausgehend können dann die Besonderheiten in Bezug auf Mode, Musik, Schnitt usw. besprochen werden. Der Anfang des Werbeclips läuft etwas schneller – dies erinnert an die Zeiten des Stummfilms und hat eine belustigende Wirkung.

Die darauf folgenden Detailaufnahmen (Ring, Backpulver, Teigrühren) führen in das Hauptthema ein: Die verheiratete Frau kocht/backt und hat Freude daran. Dies zeigt sich auch in zahlreichen Großaufnahmen der kochenden/backenden und dabei lächelnden Frau. Ein männlicher Off-Sprecher kommentiert die unterschiedlichen Koch-/Backszenen (aus heutiger Sicht manchmal etwas süffisant). Durch Schiebeblenden werden die unterschiedlichen Einstellungen weich miteinander verbunden. Die Mode und die Einrichtung verweisen auf die 50er Jahre, ebenso die Hintergrundmusik (softer Swing). In der Farbgebung überwiegen aus heutiger Sicht blasse, matte Farben.

2b. Die Aufgabe sensibilisiert für die sprachlichen und inhaltlichen Praktiken der Bedeutungskonstruktion des Werbespots und wird von jedem TN einzeln bearbeitet. Die Aufgabe bereitet die TN direkt auf die folgende Problemstellung vor.

2c. Die TN erkennen, wie Bedeutungsproduktionen funktionieren. Es geht natürlich nicht um Renate, sondern um die ‚typische' Frau der 1950er Jahre. Um diese Form der Verallgemeinerung zu verdeutlichen, können Sie auch andere alltägliche Beispiele mit den TN finden: einzelne Personen, die stellvertretend für ganze Gruppen benutzt werden und denen ‚typische' Merkmale zugeschrieben werden, z. B. der Fahrradfahrer (rücksichtslos, hält sich nicht an die StVO), der Angestellte, der Deutsche (siehe Einheit 6. Nationale Identitäten) etc.

2d. Das ‚Typische' wird hier noch einmal zusammengefasst und verschriftlicht. Die TN haben ein Bewusstsein dafür entwickelt, dass die Frau im Werbespot mit ‚typischen' Attributen einer ‚Hausfrau' und der Mann mit ‚typischen' Attributen eines ‚arbeitenden Mannes' in den 1950er Jahren beschrieben werden kann. Die TN können auf ihre Notizen aus 2d. zurückgreifen, diese reflektieren und ggf. erweitern.

2e. Die Aufgabe fokussiert Formen und Praktiken der Bedeutungsproduktion. Abhängig davon, welches der Modalverben eingesetzt wird, verändert sich die Bedeutung der Aussage. Gleichzeitig sind aber immer unterschiedliche Lesarten und Interpretationen des Textes möglich und die TN sind aktiv am Sinnbildungsprozess beteiligt. Dieses gleichzeitige Mitwirken und Hinterfragen von Bedeutungskonstruktionen wird durch die Diskussion noch einmal explizit. Darüber hinaus verteidigen die TN ihren eigenen Standpunkt argumentativ.
Falls die TN alle einer Meinung sein sollten, versuchen Sie die Gründe durch Nachfragen zu erfahren und suchen Sie gemeinsam nach Gegenbeispielen. Warum ist es z. B. nicht unbedingt besser „backen zu dürfen" bzw. in welchem Verhältnis stehen „backen dürfen" und „backen müssen"?

3. In der Aufgabenfolge 3 steht ein Werbespot der Firma Vorwerk aus dem Jahr 2006 im Fokus.

3a. Die TN sehen sich den Werbespot mehrmals an und machen Stichpunkte zu den Fragen. Bevor die Ergebnisse im Plenum gesammelt werden, tauschen sich die TN mit einem Partner aus. Die Frage *Woran erkennen Sie das?* zielt erneut explizit auf die Form, also auf filmtechnische Besonderheiten wie z. B. Setting, Perspektive, Farbgebung, Musik, Sprecher, ab. Greifen Sie dabei auch auf die Ergebnisse der Analyse aus 2a. zurück bzw. nutzen Sie die Antworten für einen Vergleich. Beispiele für filmtechnische Besonderheiten: Mit Hilfe einer Kamerafahrt wird die Hauptfigur, eine Frau bei einem Vorstellungsgespräch, fokussiert. Auf diese Weise wird die Sprecherin als On-Sprecherin eingeführt, kommentiert den weiteren Clip dann aber aus dem Off. Das Vorstellungsgespräch wird kühl dargestellt (Setting, Farben, Figuren). In den darauffolgenden halbtotalen Einstellungen, aneinandergereiht durch harte Schnitte, werden unterschiedliche Szenen aus dem Kontext ‚Familie'/'Haushalt' dargestellt. Hierfür werden eher warme, freundliche und helle Farben verwendet. Der Off-Sprechertext überträgt die Szenen aus dem Kontext ‚Haushalt'/'Familie' in den Kontext ‚Unternehmen'. Dies hat einen witzigen/spritzigen Effekt.

3b.–d. Diese Aufgaben fokussieren die sprachliche Konstruktion von Bedeutung. In diesem Werbespot werden für die Beschreibung von ‚Haushalt' Wörter aus dem Wortfeld ‚Unternehmen' verwendet, um ‚Hausfrau' und ‚Haushalt' aufzuwerten. Die TN werden für diese Bedeutungskonstruktionen sensibilisiert und sollen diese hinterfragen.

3b. Durch die Zuordnungsaufgabe wird Wortschatz erschlossen. Dieser Wortschatz kann Bereichen des Haushalts wie Kindererziehung oder Staubsaugen ganz neue Deutungen bzw. Lesarten geben. Die TN nehmen so auch aktiv an Bedeutungskonstruktionen teil.

Eine mögliche Zuordnung der Wörter aus dem Schüttelkasten wäre folgende:

Ihr Beruf – oder sind Sie nur …?
Ich arbeite <u>in der Kommunikationsbranche</u> (= als Hausfrau / im Haushalt) und im Organisationsmanagement (= Haushalt / als Hausfrau). Außerdem gehören <u>Nachwuchsförderung</u> (= Basteln) und <u>Mitarbeitermotivation</u> (= Streit schlichten) zu meinen Aufgaben. Oder kurz: <u>Ich führe ein sehr erfolgreiches kleines Familienunternehmen</u> (= habe eine Familie / führe einen Haushalt / bin Hausfrau).

3d. dient der Reflexion über die Aufwertung von Tätigkeiten im Haushalt im Werbespot. Die TN haben hier die Möglichkeit, ihren eigenen Standpunkt zu vertreten. Dies kann mündlich oder schriftlich erfolgen.

4. Die Aufgabe rundet die Einheit mit einem Vergleich der beiden Werbespots ab. Die vorgegebenen Kategorien sollen den TN erneut zeigen, wie Bedeutung konstruiert wird, und dass bestimmte Kategorien das Beobachten, Identifizieren und Beschreiben erst ermöglichen. Es sollte deutlich werden, dass es ‚typische' Kategorien zur Beschreibung der Hausfrau in den 1950er Jahren gab und auch heute gibt, und dass sich diese (in den beiden Werbespots) inhaltlich kaum voneinander unterscheiden, sondern nur sprachlich anders verpackt sind.
Die Aufgabe kann schriftlich oder als Gruppendiskussion durchgeführt werden.

5. Die letzte Aufgabe stellt eine Verbindung zur eigenen Lebenswelt der TN her. Sie kann optional auch als Hausaufgabe gestellt werden.

Anmerkung:
Als weitere Anregung zur Diskussion kann Ihnen der Dr. Oetker-Werbespot ‚Erdbeertorte' (Link zum Video ebenfalls online) dienen. In diesem Werbespot von 2001 werden die klassischen Rollenbilder getauscht – der Mann kümmert sich um das Kind, die Frau arbeitet. Folgende Fragen können hierbei diskutiert werden: Welches Rollenbild vermittelt der Werbespot? Wie wird das erreicht? Wieso haben sich die Macher des Werbespots für diese Art der Darstellung entschieden?

Unternehmen: Frauen zu Hause

1. Welche Wörter fallen Ihnen zum Thema ‚Haushalt' ein? Ergänzen Sie das Assoziogramm.

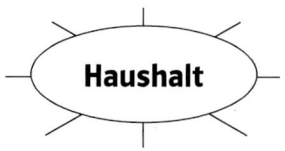

2a. Sehen Sie sich den Werbespot an. Was und wen sehen Sie? Worum geht es? Ist der Werbespot alt oder neu? Woran erkennen Sie das? Sprechen Sie mit einem Partner und machen Sie Stichpunkte. Sprechen Sie danach im Kurs.

> Der Werbespot ist... | Es geht um ... | Ich sehe / Wir sehen ...

2b. Lesen Sie den Ausschnitt aus dem Werbespot: Was sagen / haben / wissen / sollen / dürfen / tun die einzelnen Personen? Schreiben Sie die Sätze auf.

Eigentlich hat sie es ja viel besser als er: Sie darf backen. So, jetzt aber Tempo. Bald wird Peter da sein mit einem Bärenhunger. <u>Sie</u> wissen ja: <u>Eine Frau</u> hat zwei Lebensfragen: Was soll ich anziehen und was soll ich kochen?

Es ist erstaunlich, was <u>ein Mann</u> alles essen kann, wenn <u>er</u> verheiratet ist – anscheinend kommt auch der Appetit mit der Ehe.

Ja, und das Allerwichtigste für <u>ihn</u> ist der Pudding. Richtig, <u>Sie</u> wissen ja: <u>Männer</u>, die gern Süßes essen, haben einen guten Charakter. Natürlich nur bei einem solchen Erfolg. [...]

Kuchen macht uns <u>Männer</u> sanft und verträglich. Da kann das neue Kleid ruhig 100 Mark mehr kosten, oder sagen wir 5.

Übrigens, bei Dr. Oetker gibt es nicht nur eine oder zwei, da gibt es zahllose Möglichkeiten. Drum: <u>Macht's</u> wie Renate! Und <u>die</u> weiß es wieder von ihrer Mutter: Für Kuchen und Pudding einfach Dr. Oetker!

Eine Frau	
Ein Mann / er	
Der Zuschauer / Sie	

© Ernst Klett Sprachen GmbH, Stuttgart 2016 | www.klett-sprachen.de | Alle Rechte vorbehalten
Von dieser Druckvorlage ist die Vervielfältigung für den eigenen Unterricht gestattet.
ISBN 978-3-12-675267-1

Unternehmen: Frau~~~~~~~~se

2c. *Wer ist die Zielgruppe des Werbespots? Wer wird angesprochen? Kreuzen Sie an.*

eine Frau / Renate / sie

☐ eine bestimmte Frau   ☐ die typische Ehefrau / Hausfrau der 50er Jahre

ein Mann / Peter / er

☐ ein bestimmter Mann   ☐ der typische Ehemann der 50er Jahre

Sie / Zuschauer / Leser

☐ ein bestimmter Zuschauer   ☐ der typische Zuschauer der 50er Jahre

2d. *Schreiben Sie eine Zusammenfassung: Wer macht / darf / hat / weiß / soll was? Das Subjekt (Eine Frau, Frauen, Die Frau, Ein Mann, Männer, Der Mann, Der Zuschauer) soll immer am Satzanfang stehen.*

Eine Frau hat es viel besser. _____

_____

Ein Mann … _____

_____

Der Zuschauer … _____

_____

2e. *Im Werbespot heißt es: „Die Frau hat es viel besser". Welche Modalverben passen Ihrer Meinung nach besser? Diskutieren Sie anschließend im Kurs.*

Die Frau _____ [braucht / darf] nicht „arbeiten" gehen.

Sie _____ [braucht / darf] kein Geld verdienen.

Sie _____ [kann / darf] Geld ausgeben.

Sie _____ [darf / muss] kochen und Kuchen backen.

Sie _____ [darf / muss] sich schön anziehen für den Mann.

Der Mann _____ [muss / darf] arbeiten gehen und das Geld verdienen.

Er _____ [muss / darf] finanziell für die Frau und die Familie sorgen.

Er _____ [darf / muss] pünktlich zum Essen zu Hause sein und _____ [darf / muss] kein Essen kochen.

© Ernst Klett Sprachen GmbH, Stuttgart 2016 | www.klett-sprachen.de | Alle Rechte vorbehalten
Von dieser Druckvorlage ist die Vervielfältigung für den eigenen Unterricht gestattet.
ISBN 978-3-12-675267-1

Unternehmen: Frauen zu Hause

3a. Sehen Sie sich den zweiten Werbespot an. Was und wen sehen Sie? Ist der Werbespot alt oder neu? Woran erkennen Sie das? Sprechen Sie mit Ihrem Partner und machen Sie Stichpunkte. Sprechen Sie danach im Kurs.

> Der Film ist... | Es geht um ... | Ich sehe / Wir sehen ...

3b. Welche Begriffe werden für die typischen Tätigkeiten einer Hausfrau verwendet? Ordnen Sie die Wörter den unterstrichenen Begriffen aus dem Werbespot zu. Sie können Wörter mehrfach zuordnen.

> Hausfrau | Kochen, Putzen, Staubsaugen | Familie | Basteln | Haushalt | Streit schlichten

Ihr Beruf – oder sind Sie nur ...?

Ich arbeite in der <u>Kommunikationsbranche</u> und im <u>Organisationsmanagement</u>. Außerdem gehören <u>Nachwuchsförderung</u> und <u>Mitarbeitermotivation</u> zu meinen Aufgaben. Oder kurz: Ich führe ein sehr erfolgreiches kleines <u>Familienunternehmen</u>.

Kommunikationsbranche   _____

Organisationsmanagement   _____

Nachwuchsförderung   _____

Mitarbeitermotivation   _____

Familienunternehmen   _____

3c. Aus welchem Bereich stammen die unterstrichenen Wörter in der Werbung?

☐ Haushalt   ☐ Beruf / Arbeit

3d. Was klingt besser? „Ich bin Hausfrau" oder „Ich leite ein Familienunternehmen"? Diskutieren Sie.

> **Folgende Argumente können Ihnen helfen:**
> - Den Haushalt erledigen ist Arbeit. Das kann viele Stunden am Tag dauern.
> - Kindererziehung ist (auch) anstrengend, das ist Arbeit.
> - Der Beruf ist wichtig. Wenn eine Frau Unternehmerin ist, fühlt sie sich besser. Das ist eine Form der Anerkennung.
> - ...

© Ernst Klett Sprachen GmbH, Stuttgart 2016 | www.klett-sprachen.de | Alle Rechte vorbehalten
Von dieser Druckvorlage ist die Vervielfältigung für den eigenen Unterricht gestattet.
ISBN 978-3-12-675267-1

Unternehmen: Frauen zu Hause

4. *Vergleichen Sie die beiden Werbespots: Was ist anders? Was ist gleich?*

Folgende Kategorien können Ihnen dabei helfen:

- traditionell / klassisch vs. modern
- Orientierung am Mann vs. Orientierung an Kindern, Mann und Freunden
- Beruf vs. Berufung
- Aufgabenverteilung:
  - Wer ist verantwortlich für Kinder und Haushalt?
  - Wer muss / darf etwas im Haushalt machen?

...

So können Sie Sätze einleiten:

- Der erste Werbespot zeigt ..., der zweite ...
- Die Frau in der Dr. Oetker-Werbung macht ...
- Während die Frau im ersten Film ..., ist sie im zweiten ...

5. *War es früher wirklich besser? Diskutieren Sie.*

Folgende Satzbausteine können Ihnen dabei helfen:

Ich denke, die Frau hatte es damals ...	besser,	weil sie es leichter hatte, sie musste ‚nur' kochen.
Meiner Meinung nach hatte die Frau es ...	schlechter,	weil der Mann das Geld nach Hause brachte und das Sagen hatte.
Für mich hatte der Mann es ...	genauso gut,	weil ...

© Ernst Klett Sprachen GmbH, Stuttgart 2016 | www.klett-sprachen.de | Alle Rechte vorbehalten
Von dieser Druckvorlage ist die Vervielfältigung für den eigenen Unterricht gestattet.
ISBN 978-3-12-675267-1

5. Schilderwelten

Lernziele:

- kann an der Bedeutungsproduktion in der Fremdsprache mitwirken (und diese erweitern)
- kann Formen und Praktiken der Bedeutungsproduktion in der Fremdsprache (in Straßenschildern, Forenbeiträgen, Kolumnen) erkennen (hinterfragen und diese erweitern)
- kann den eigenen Standpunkt / Diskursposition vertreten (hinterfragen und erweitern)
- kann unbekannte Standpunkte / Diskurspositionen verstehen

Materialien:
KV 8–10

Didaktischer Kommentar und mögliche Lösungen:
Die Aufgaben 1a., 1b. und 2a.–c. können sowohl in Einzel-, Partner- oder Gruppenarbeit durchgeführt werden. Wechseln Sie ab und zu die Sozialform.

1a. Die TN aktivieren beim Beschreiben des alten und neuen Verkehrsschildes ‚Fußgängerüberweg' ihnen bekannte Muster. Der Vergleich zielt auf die veränderte Darstellung des Fußgängers. Bei der Aktualisierung des Verkehrsschildes wurde der Fußgänger modernisiert bzw. abstrakter dargestellt, es fehlen der Hut, die Hände und Füße. Dadurch ist der Fußgänger nicht mehr zwingend männlich, es könnte sich auch um eine Fußgängerin handeln.

1b. Im Gegensatz zum Schild ‚Fußgängerüberweg' hat das Schild ‚Fußgängerzone' keine Überarbeitung erfahren, so dass in der symbolischen Darstellung klar eine Frau mit Kind zu erkennen ist.
Über die Frage nach möglichen Gründen für die Beibehaltung der Frau auf dem Schild (Nicht-Neutralisierung), die natürlich nicht abschließend beantwortet werden kann, setzen sich die Lernenden mit Phänomenen der Geschlechterrepräsentation im Alltag auseinander und werden auf Muster ihrer eigenen Wahrnehmung hingewiesen. Lassen Sie zusätzlich ihre TN darauf achten bzw. beschreiben, wie Personen auf Verkehrsschildern in ihrem Wohnort dargestellt sind.

1c. Jede/r TN erhält ein leeres Blatt Papier (im DIN A4-Format) für den eigenen Schilderentwurf. Die TN können ihre Schilderentwürfe aufhängen und alle bei einem Galerie-Rundgang betrachten. Die TN vergleichen die Entwürfe und stellen Ähnlichkeiten und Unterschiede in den Entwürfen fest. Sie erläutern an ihrem eigenen Entwurf, ob und wenn ja, welche Veränderungen sie vorgenommen haben und begründen ihre Entscheidungen. Wichtig ist auch hier die Bewusstmachung der symbolischen Darstellung von Mann / Frau und die Zuweisung ihrer Rollen.

2a. Bisher ging es in der Einheit um symbolische Darstellungen, diese Aufgabe zielt nun auf die Bewusstmachung sprachlicher Realisierungen innerhalb des Diskurses „Feminisierung bzw. Neutralisierung der Sprache". Durch die Beschäftigung mit der Frage, welche Wörter aus dem Deutschen ‚raus' und welche ins Deutsche ‚rein' sollen, setzen sich die TN mit Praktiken der Bedeutungskonstruktion auseinander. Es werden grundlegende Funktionsweisen von Sprache innerhalb von Diskursen deutlich. Sie können die TN auch zu ihren Erfahrungen mit Political Correctness in ihrer Ausgangssprache befragen. Stellen Sie anschließend sicher, dass alle TN wissen, dass eine Kolumne eine Stilform im Journalismus ist, bei der ein bestimmter Autor regelmäßig aktuelle Geschehnisse kommentiert und es sich dabei um die Meinung einer Person handelt.

Die ausgefüllte Tabelle könnte so aussehen:

‚raus'	*‚rein'*
Fußgänger	*wer zu Fuß geht*
Radfahrer	*wer ein Fahrrad führt*
Verkehrsteilnehmer	*zu Fuß Gehende*
Mofafahrer	*Mofa Fahrende*
Fußgängerzone	*Flaniermeile*
herrlich	
jedermann	
man	

Fragen Sie nun die TN nach ihren Meinungen zu den Beispielen in der Tabelle und allgemein zur Neutralisierung der deutschen Sprache: Wie finden sie das? Ist es berechtigt? Übertrieben? Sinnvoll?

2b. Analysieren Sie den Forumsbeitrag zunächst auf sprachlicher Ebene. Welche Besonderheiten fallen Ihren TN in Bezug auf Groß- und Kleinschreibung, Elemente der Mündlichkeit oder den Stil (in diesem Fall Ironie) auf? Sie können auch auf Besonderheiten der Textsorte Forumsbeitrag in Abgrenzung zum Leserbrief in Bezug auf mediale Schriftlichkeit und konzeptionelle Mündlichkeit eingehen. Die TN nehmen daraufhin folgende Ersetzungen vor:

des Neutralität	→	*der Neutralität*
Hörrlich	→	*Herrlich*
die Weihnachtsperson	→	*der Weihnachtsmann*
Putzperson	→	*Putzfrau*

2c. Die TN äußern ihren eigenen Standpunkt und wirken durch das Verfassen eines eigenen Forumsbeitrags an der Bedeutungskonstruktion in der Fremdsprache mit. Sie können dabei auf die vorherigen Aufgaben aufbauen oder auch neue Aspekte einbringen. Die TN formulieren eine Überschrift für ihren Beitrag, positionieren sich zum Thema und ziehen am Ende ein Fazit. Diese klare Arbeitsanweisung dient der Orientierung für die TN.
Anschließend können die TN ihre Beiträge ausschneiden und auf ein großes Plakat kleben, welches im Unterrichtsraum aufgehängt wird. Die TN lesen die Beiträge der anderen und wählen einen Beitrag aus, den sie direkt auf dem Plakat kommentieren. Auf diese Weise entsteht ein richtiges Forum mit einzelnen Beiträgen, die aufeinander Bezug nehmen.

Schilderwelten

1a. Sehen Sie sich die alte und die neue Version des Straßenschildes ‚Fußgängerüberweg' an.
Was ist gleich, was ist unterschiedlich?

1b. Sehen Sie sich nun das aktuelle Schild ‚Fußgängerzone' an. Was sehen Sie? Was ist anders?
Sammeln Sie Merkmale und diskutieren Sie.

1c. Sie sind in einer Kommission, die ein neues Schild ‚Fußgängerzone' entwerfen soll. Wie könnte so ein neues
Schild aussehen? Warum? Zeichnen Sie und vergleichen Sie Ihre Schilder im Kurs.

© Ernst Klett Sprachen GmbH, Stuttgart 2016 | www.klett-sprachen.de | Alle Rechte vorbehalten
Von dieser Druckvorlage ist die Vervielfältigung für den eigenen Unterricht gestattet.
ISBN 978-3-12-675267-1

Schilderwelten

2a. Sie haben von der Neuregelung der Straßenverkehrsordnung (StVO) gehört. Diese gilt seit 2013. Sie suchen im Internet nach Informationen und stoßen auf eine Kolumne. Lesen Sie den Ausschnitt und füllen Sie die Tabelle: Welche Wörter sollen aus dem Deutschen ‚raus', welche ins Deutsche ‚rein'?

S.P.O.N. – Der Schwarze Kanal: Dummdeutsch im Straßenverkehr

Anpassung der StVO an das „Erfordernis der sprachlichen Gleichbehandlung von Männern und Frauen"

Erstmals fließt der Verkehr in Deutschland geschlechtsneutral, also ohne „Fußgänger", „Radfahrer", d. h. ohne jeden „Verkehrsteilnehmer". Um das zu erreichen, heißt es nur noch „wer zu Fuß geht" oder „wer ein Fahrrad führt". Auch „zu Fuß Gehende" gibt es nun oder „Mofa Fahrende", aber eben keine Mofafahrer mehr. Man kann darüber streiten, ob diese Änderungen der Verkehrssicherheit in Deutschland dienen. Für die Emanzipation ist die Neuerung nach Ansicht der Unterstützer zweifellos ein wichtiger Schritt.

Hannover schafft die „Fußgängerzone" ab

[…] In Hannover ist man jetzt dabei, die „Fußgängerzone" abzuschaffen. Weil „Fußgänger" männlich ist und „Zone" militaristisch. Eine grüne Politikerin möchte, dass fortan nur noch von „Flaniermeile" die Rede ist – das sei atmosphärisch besser geeignet, wie sie „Bild" anvertraute.

Für eine gerechtere Welt

Gemeinsam ist solchen Bemühungen die Überzeugung, dass Sprache Bewusstsein schafft. Man muss nur lange genug an ihr schrauben, um zu einer besseren und gerechteren Welt zu kommen. […] Sprachwissenschaftler haben zwar darauf hingewiesen, dass Genus und Sexus in der deutschen Sprache nicht ein und dasselbe sind. Der Käse hat genauso wenig Männliches wie die Wurst Weibliches. […]

Es ist ja nicht damit getan, den „Fußgänger" zu neutralisieren; man muss alle Wörter aus dem Verkehr ziehen, die auch nur vermeintlich ein Geschlecht bevorzugen. Auch „herrlich" oder „jedermann" steht auf dem Index, ebenso wie das beliebte Pronomen „man". […]

(aus: Fleischhauer 2013, SPIEGEL Online)

,raus'	,rein'

© Ernst Klett Sprachen GmbH, Stuttgart 2016 | www.klett-sprachen.de | Alle Rechte vorbehalten
Von dieser Druckvorlage ist die Vervielfältigung für den eigenen Unterricht gestattet.
ISBN 978-3-12-675267-1

Schilderwelten

2b. Lesen Sie nun einen Beitrag aus einem Online-Forum. Ersetzen Sie die unterstrichenen Ausdrücke durch die passenden Worter aus dem Kasten.

#123
28.03.2013
von un-
fassbar:

Der Sieg <u>des</u> Neutralität!
<u>Hörrlich!</u> Na ja, bis im Dezember <u>die</u> Weihnachts<u>person</u> kommt, ist das alles Schnee von gestern. So, jetzt muss ich aber Schluss machen. Meine Putz<u>person</u> möchte unter dem Schreibtisch saugen.

> Meinung schreiben

-frau | herrlich | der | -mann

#123 28.03.2013 von unfassbar:

Der Sieg _____ Neutralität!

_____! Na ja, bis im Dezember _____ Weihnachts_____ kommt, ist das

alles Schnee von gestern. So, jetzt muss ich aber Schluss machen. Meine _____ möchte unter dem

Schreibtisch saugen.

2c. Schreiben Sie selbst einen Beitrag zum Thema der Kolumne. Formulieren Sie eine passende Überschrift. Positionieren Sie sich und ziehen Sie ein Fazit.

> Meinung schreiben

© Ernst Klett Sprachen GmbH, Stuttgart 2016 | www.klett-sprachen.de | Alle Rechte vorbehalten
Von dieser Druckvorlage ist die Vervielfältigung für den eigenen Unterricht gestattet.
ISBN 978-3-12-675267-1

6. Nationale Identitäten

Lernziele:
- kann an der Bedeutungsproduktion in der Fremdsprache mitwirken (und diese erweitern)
- kann Formen und Praktiken der Bedeutungsproduktion in der Fremdsprache (in Kampagnen) erkennen (hinterfragen und diese erweitern)
- kann den eigenen Standpunkt / Diskursposition vertreten (hinterfragen und erweitern)
- kann unbekannte Standpunkte / Diskurspositionen verstehen

Materialien:
KV 11–16, SPIEGEL-Titelbilder in Farbe (Dazu Klett-Online-Code **dw8g39k** auf www.klett-sprachen.de eingeben.)

Didaktischer Kommentar und mögliche Lösungen:
Die meisten Aufgaben können sowohl in Einzel-, Partner- oder Gruppenarbeit durchgeführt werden. Wechseln Sie ab und zu die Sozialform.

1. Als Grundlage für diese Aufgabe dient ein Bild der Kampagne #Auchichbin-Deutschland. Die Kampagne operiert mit dem Gegensatz, der zwischen der Bildebene und der Textebene angesiedelt ist.

1a. Die „Roh-Variante" des Bildes ermöglicht es den TN, sich auf die reine Bild- und Personenbeschreibung zu konzentrieren. Die TN aktivieren beim Beschreiben des Bildes und dem sich daran anschließenden Verfassen eines Steckbriefes ihnen bekannte Muster und setzen sich bei der Präsentation ihrer Person in Aufgabe **1b.** reflexiv mit den von ihnen vorgenommenen Zuschreibungen auseinander. Die Reflexion soll v. a. durch das Erfragen der Begründung für entsprechende Zuschreibungen herbeigeführt werden.
Zum Beispiel: *Der Mann heißt Yasar und kommt aus der Türkei. Zurzeit wohnt er in Berlin. Seine Hobbys sind ...*
Ich denke, dass es sich hier um einen Mann aus der Türkei oder einem arabischen Land handelt, weil er dunklere Haut, dunkle Augen und einen dunklen Bart hat ...

1c. Diese Aufgabe soll durch das Aufdecken des Originalbildes Überraschung, Irritation und Aufmerksamkeit erwecken und so der erneuten Reflexion der eigenen Zuschreibungen / Kategorisierungen dienen. Bleiben wir bei oben genanntem Beispiel, so operiert das Bild mit bestimmten Mustern. ,Verstehen' würde hier bedeuten, den Gegensatz zwischen Bild- und Textebene (Abbildung eines dunkelhäutigen Mannes – eine getaggte Mauer – „Überschrift": #AuchichbinDeutschland; „Meine Familie kommt aus Afghanistan ...", das offenkundig mit der Terrorangst der Bevölkerung operiert) herausarbeiten zu können.

1d. Diese Aufgabe dient der Verortung des Textes bzw. der Textreihen und ihrer Bedeutungsschichten in ihre jeweiligen Entstehungskontexte. So sind Bilder der Kampagne #AuchichbinDeutschland innerhalb eben dieser Kampagne zu verorten, innerhalb derer sie Sinn machen. Sehen Sie sich hierzu auf der Internetseite von #AuchichbinDeutschland weitere Personen und ihre Statements an. Auch können

Sie hier eine Brücke schlagen zu der großen Marketingkampagne „Du bist Deutschland" aus dem Jahr 2005/2006.

2. Mit der Frage *Wir sind wieder ... wer?* verweist der Titel der Zeitschrift *Der Spiegel* bereits auf die Pluralität der Coverbilder, die wir in dieser Aufgabenreihe insgesamt und explizit nebeneinander stellen.

2a. Durch die reine Bildbeschreibung werden Muster der TN aktiviert. Die detaillierte Bildbeschreibung soll darüber hinaus helfen, die Bilder im Diskurs (Was ist Deutschland / Deutsch?) zu verorten. Die Zusatzfrage *Was sehen Sie nicht?* sensibilisiert in einem ersten Schritt für die Form der Darstellung und unterschiedliche Deutungsmöglichkeiten. So sind fast alle Personen ‚bis zur Gürtellinie' unter der deutschen Fahne versteckt bzw. durch diese verhüllt – wir sehen sie also alle ‚unter dieser Flagge'. Was die Bilder nicht zeigen, was also verhüllt ist, kann dennoch anhand des (Vor-)Wissens über Menschen bzw. entsprechende Typen inferiert werden. Das ‚Deutschsein' wird den unterschiedlichen Personen(typen) durch die Einhüllung in die deutsche Flagge zugeschrieben. Die Arbeit kann in Einzel- oder Partnerarbeit erfolgen.

2b. und c. Die Titelbilder stellen, verdeckt von der deutschen Fahne, unterschiedliche Typen (Stereotypen) bzw. Muster dar. Diese wären beispielsweise: Der ‚typische' Deutsche mit Tennissocken in Sandalen und Schäferhund, der Kleingartendeutsche, der deutsche Fußballnationalspieler, der für das Sommermärchen (das neue deutsche Gemeinschaftsgefühl) steht, die Karrierefrau mit Kind / die Mutter, die Muslima, Angela Merkel, etc. Diese scheinbar eindeutigen Typen können aber auch unterschiedlich gedeutet werden – und zwar je nach Kontexten und Perspektiven, aus denen man sie thematisiert (z. B. Karrierefrau und / als Mutter mit ihren teilweise gegensätzlichen Funktionen und Aufgaben, die Muslima verhüllt bzw. als einzige nicht ganz verhüllt).

2d. In dieser Aufgabe erkennen die TN erneut, dass sie ähnliche oder unterschiedliche Kategorisierungen vornehmen, weil sie ähnliche oder unterschiedliche Muster anwenden und dabei jeweils aus einer bestimmten Perspektive auf Dinge / Personen / Sachverhalte schauen. So kann der Fußballspieler beispielsweise den Kategorien *Sport* und *Beruf / Arbeit* zugeordnet werden.
Alternativ können für die Aufgaben **2a.–d.** (große) Farbkopien der Titelbilder (online) an die Wand aufgehängt werden. Die TN pinnen ihre Beschreibungen unter die jeweiligen Bilder und können die der anderen lesen. Auch die Kategorien können so direkt den Titelbildern zugeordnet werden (2d.). Daraufhin findet der Austausch im Plenum statt.

2e. und 3. Die abschließende Reflexion darüber, was Deutschland ausmacht bzw. symbolisiert (2e.) sowie die Diskussion über die gesetzten bekannten Stereotypen (3.), welche in Aufgabe 2b. explizit gemacht wurden, weist auf unendlich viele ‚deutsche' Typen hin. Die Diskussion kann auch in der Muttersprache oder einer Brückensprache erfolgen.
Gleichzeitig wird erneut auch ein besonderes Augenmerk auf die Form gelegt: Durch die Trennung der Cover sind alle 7 Typen mindestens einmal angeschnitten und ergeben zusammengefügt einen Kreis. Mit einer Ausnahme erscheinen alle Typen einmal zentral auf dem Cover.

4. Nachdem in Aufgabe 2 und 3 der Fokus auf der bildlichen Darstellung lag, steht in den Aufgaben 4 und 5 die sprachliche Komponente des Titels im Mittelpunkt.

4a. In dieser Aufgabe wird der Zusammenhang zwischen dem sprachlichen ‚Wir' und der Bildebene hergestellt. Das Personalpronomen ‚Wir' in der Überschrift verweist als deiktisches Element auf die Personen auf den Coverbildern, die damit als ‚typische' Deutsche gesetzt und anerkannt werden. Die unterschiedlichen Typen auf der Bildebene symbolisieren dabei ein ‚multiples Wir'. Darüber hinaus nennen die Lernenden erneut weitere mögliche ‚Typen', um sich bewusst zu machen, dass ‚Deutsche' nicht nur auf diese sechs oder sieben Typen reduzierbar sind.

4b.–4e. Diese Aufgaben dienen der inhaltlichen und formalen Auseinandersetzung mit den komplexen sprachlichen Strukturen „jemand zu sein" bzw. „wer zu sein". Bei **4b.** ist das zweite Beispiel richtig anzukreuzen. Die Lösung zu **4d.** lautet:

jemand / wer sein	*niemand sein*
wichtig sein	*eine Null sein*
angesehen sein	*unwichtig sein*
groß sein	*klein sein*
reich sein	*unten durch sein*
stark sein	*das Letzte sein*

4e. bezieht sich auf die persönliche Sicht der TN.

4f. Die Aufgabe dient ebenfalls dem Verständnis des Spiegel-Titels. *Als Deutsche wieder wer zu sein* verweist auf ein ‚schon einmal' in der Vergangenheit. Schon einmal wer gewesen zu sein wird in deutschsprachigen Diskursen zum einen mit vergangenen Fußall-Siegen der deutschen Nationalmannschaft (WM-Sieg 1954 – Wunder von Bern nach den vergangenen Nachkriegsjahren und dem verlorenen Krieg, oder auch den Sommermärchen der WM-Spiele 2006 und 2014) in Zusammenhang gebracht. Zum anderen wird auf die Ereignisse um den Mauerfall und die Wiedervereinigung, die das Selbstverständnis der neuen alten Nation stärkten bzw. wiederherstellten, verwiesen. All diese Ereignisse sind zumindest implizit immer noch an die nationalsozialistische Ära und das so genannte ‚Dritte Reich' und damalige Weltherrschaftsansprüche gekoppelt; weshalb es ja auch zu kritischen Stimmen im Zusammenhang mit der Behauptung eines ‚neuen deutschen Patriotismus' kommt.

5a. Neben der Feststellung, dass *wir – als Deutsche – wieder wer sind* (der Artikel kam kurz nach dem WM-Sieg der deutschen Nationalmannschaft 2014 heraus), regt der Spiegel-Titel zur Diskussion an, wer dieses *Wir* denn eigentlich ist. Dieses *Wir* umfasst auf den Coverbildern des Spiegel wenigstens die gesetzten oben genannten sechs oder sieben Typen. Durch die Darstellung dieser Typen wird das *Wir* jedoch auch fest umgrenzt. Das bedeutet, dass der zunächst erweckte Eindruck von ‚Pluralität' und ‚Vielfalt' durch den vorstellbaren, nicht durchlässigen Kreis, den die sieben sich an die Hand nehmenden Typen bilden, wieder brüchig wird.

5b. dient einer abschließenden kritischen Reflexion des Spiegel-Titels, aber auch der Frage, wie die Lernenden selbst zu Nationalstolz oder Patriotismus stehen. Es soll ein schriftliches Produkt entstehen, wozu den Lernenden die jeweils nötige Zeit eingeräumt werden sollte. Diese Aufgabe eignet sich auch gut als Hausaufgabe.

Nationale Identitäten

1a. Sehen Sie sich folgendes Bild an. Wen sehen Sie?

Schreiben Sie einen kurzen Steckbrief zu der Person auf dem Bild.

Folgende Kategorien können Ihnen dabei helfen: Alter / Nationalität / Beruf / Wohnort / Hobbys / …

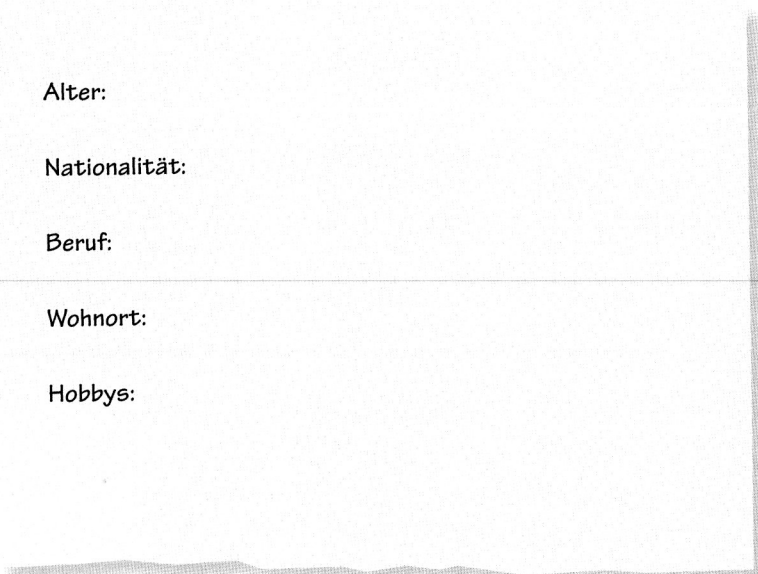

Alter:

Nationalität:

Beruf:

Wohnort:

Hobbys:

1b. Stellen Sie ‚Ihre' Person kurz vor. Warum haben Sie sich so entschieden? Woran erkennen Sie Beruf / Nationalität / Wohnort / Hobbys / … der Person?

 © Ernst Klett Sprachen GmbH, Stuttgart 2016 | www.klett-sprachen.de | Alle Rechte vorbehalten
Von dieser Druckvorlage ist die Vervielfältigung für den eigenen Unterricht gestattet.
ISBN 978-3-12-675267-1

Nationale Identitäten

1c. Sehen Sie sich nun das Originalbild der Kampagne #AuchichbinDeutschland an. Betrachten Sie dann erneut den Steckbrief aus Aufgabe 1a. Ändert sich etwas an Ihrer Beschreibung der Person? Warum?

AUCH ICH BIN DEUTSCHLAND

Meine Familie ist aus Afghanistan, doch nur, weil ich treffsicher bin, heißt das nicht, dass ich auf Menschen ziele

AUCH ICH BIN DEUTSCHLAND

(Basketballer Achmadschah Zazai, http.://auchichbindeutschland.tumblr.com)

1d. In welchem Kontext steht das Bild? Welche Funktion bzw. welches Ziel hat die Schrift? Wie versuchen dieses Plakat und andere Plakate derselben Kampagne formal und inhaltlich zu überzeugen?

© Ernst Klett Sprachen GmbH, Stuttgart 2016 | www.klett-sprachen.de | Alle Rechte vorbehalten
Von dieser Druckvorlage ist die Vervielfältigung für den eigenen Unterricht gestattet.
ISBN 978-3-12-675267-1

Nationale Identitäten

Die Zeitschrift *Der Spiegel* hat nach dem WM-Sieg 2014 seine Ausgabe mit sechs verschiedenen Titelbildern veröffentlicht.

2a. Was sehen Sie? Was sehen Sie nicht? Beschreiben Sie die Titelbilder allgemein.

2b. Suchen Sie sich ein Titelbild aus und beschreiben Sie es detailliert. Wofür steht das Bild?

2c. Gibt es ein Bild, das Sie vielleicht nicht verstehen? Welches? Warum?

2d. Ordnen Sie den sechs Titelbildern aus dem Spiegel folgende Kategorien zu. Mehrfachnennungen sind möglich. Welche weiteren Kategorien passen?

Religion | Beruf / Arbeit | Alter | Familienrolle | Politik | Gartenleben | Sport | …

2e. Kennen Sie noch andere Bilder oder Symbole, die Deutschland darstellen? Sammeln Sie im Plenum.

© Ernst Klett Sprachen GmbH, Stuttgart 2016 | www.klett-sprachen.de | Alle Rechte vorbehalten
Von dieser Druckvorlage ist die Vervielfältigung für den eigenen Unterricht gestattet.
ISBN 978-3-12-675267-1

Nationale Identitäten

3. *Was denken Sie: Warum gibt es sechs unterschiedliche Titelbilder?*

4. *Der Titel der Zeitschrift lautet „Wir sind wieder … wer? Nahaufnahme einer Nation."*

4a. *Wer ist in diesem Zusammenhang „wir"? Sehen Sie sich dazu Ihre Ergebnisse aus Aufgabe 2b. an.*

4b. *Was heißt es, „wer zu sein"? Was passt eher? Kreuzen Sie an:*

☐ Ich bin Monika. Ich bin 26 Jahre alt und komme aus Hamburg …
☐ Ich bin Monika. Ich habe einen guten Job, viele Freunde, einen Mann und zwei tolle Kinder…

4c. *Sammeln Sie im Plenum Personen, von denen Sie sagen würden: „der / die ist jemand". Was charakterisiert die Personen?*

Nelson Mandela : starke Persönlichkeit , Kämpfer, …

_____ : _____

_____ : _____

4d. *Ordnen Sie in die passende Spalte.*

| eine Null sein \| wichtig sein \| unwichtig sein \| klein sein \| unten durch sein \| das Letzte sein \| angesehen sein \| groß sein \| reich sein \| stark sein \| schwach sein |

jemand sein	niemand sein

© Ernst Klett Sprachen GmbH, Stuttgart 2016 | www.klett-sprachen.de | Alle Rechte vorbehalten
Von dieser Druckvorlage ist die Vervielfältigung für den eigenen Unterricht gestattet.
ISBN 978-3-12-675267-1

Nationale Identitäten

4e. Was bedeutet es für Sie „wer zu sein"? Schreiben Sie.

_____

_____

_____

_____

_____

_____

_____

4f. Was könnte Ihrer Meinung nach „wieder" in der Aussage „Wir sind wieder – wer?" bedeuten? Recherchieren Sie im Internet und machen Sie Notizen.
Folgende Schlagwörter können Ihnen dabei helfen:

Wunder von Bern	Wiedervereinigung	Drittes Reich	Sommermärchen

_____

_____

_____

_____

_____

_____

_____

© Ernst Klett Sprachen GmbH, Stuttgart 2016 | www.klett-sprachen.de | Alle Rechte vorbehalten
Von dieser Druckvorlage ist die Vervielfältigung für den eigenen Unterricht gestattet.
ISBN 978-3-12-675267-1

Nationale Identitäten

5a. Der Spiegel-Titel sagt nicht aus: „Wir sind wieder wer". Sondern er fragt: „Wir sind wieder … wer?"
   Wie verstehen Sie diese Aussage und Frage?

_____

_____

_____

_____

5b. Schreiben Sie einen Online-Kommentar an die Spiegel-Redaktion. Schreiben Sie, wie Sie die Frage
   „Wir sind wieder … wer?" verstehen. Der Kommentar kann auch kritisch sein.

442 Meinungen zu Thema „Wir sind wieder … wer?"

User 1

_____

_____

_____

_____

_____

_____

_____

_____

_____

_____

_____

© Ernst Klett Sprachen GmbH, Stuttgart 2016 | www.klett-sprachen.de | Alle Rechte vorbehalten
Von dieser Druckvorlage ist die Vervielfältigung für den eigenen Unterricht gestattet.
ISBN 978-3-12-675267-1

7. Personenpuzzle

Lernziele:

- kann an der Bedeutungsproduktion in der Fremdsprache mitwirken (und diese erweitern)
- kann Diskurspluralität und alternative Diskurspositionen (an)erkennen

Materialien:

KV 17; pro Gruppe ein Personenpuzzle (KV 18 oder in Farbe online. Dazu Klett-Online-Code **dw8g39k** auf www.klett-sprachen.de eingeben.)

Didaktischer Kommentar und mögliche Lösungen:

In den bisherigen Einheiten des Moduls *Menschen* haben sich die TN vor allem mit der ‚klassischen‘ Form von Identität (Mann / Frau) beschäftigt. In der folgenden Einheit setzen sich die TN mit weiteren Formen für Identitätskonstruktionen auseinander. Die Erfahrung, dass z. B. ein Musikstil oder ein bestimmtes Hobby genauso sinnstiftend und verbindend sein kann wie das Geschlecht oder eine gemeinsame Staatsangehörigkeit werden einige TN schon gemacht haben. Auch bei diesen Formen der Identifikation spielen (stereotypische) Merkmale und Charakteristika eine wichtige Rolle. Wobei im Verlauf dieser Einheit auch deutlich werden soll, dass verschiedene Kategorien sich nicht unbedingt ausschließen, sondern es vielfältige Möglichkeiten der Identifikation gibt.

1a. Beim Personenpuzzle sollen jeweils vier Spielkarten, die logisch zusammengehören (anhand von Kategorien wie Musik, Sport oder Religion), gesucht werden. Ein Viererset besteht jeweils aus Person, Symbol, Wort und Satz. Die stereotypischen Aussagen und Bilder sind dabei bewusst gewählt, um die Zuordnung zu erleichtern (Lösung in Ausgangsanordnung auf KV 18). ‚Geschäftsfrau‘ und ‚Goth‘ zeigen dieselbe Person. Dies soll aufzeigen, dass Identitäten nicht eindimensional sind, sondern dass es sich oft um vielschichtige Konstrukte handelt und man individuell entscheidet, welche Kategorie(n) man nach außen zeigt oder nicht.

1b. Im nächsten Schritt werden diese Zuordnungen dann erweitert, da z. B. auch Bankangestellte schwarz gekleidet sein können oder Fußball-Fans Computerfreaks sein können etc. Hier wird deutlich, dass Identitäten nicht eindimensional sind, sondern dass es sich um vielschichtige Konstrukte handelt.

1c. Diese Aufgabe lenkt die TN von der Ebene der Zuordnungen und Beschreibung hin zur Identifikation und Identität. Wie bereits in der Aufgabe davor, werden auch hier bewusst mehrere Möglichkeiten der Identifikation in den Fokus genommen, wobei es den TN freigestellt ist, ob sie sich mit einer, keiner oder mehreren Personen aus dem Puzzle identifizieren.

Personenpuzzle

1a. Mischen Sie die Karten und legen Sie sie mit dem Bild nach oben aus. Was sehen Sie? Welche Karten passen zusammen, welche nicht? Suchen Sie jeweils vier zusammengehörige Karten (Person, Symbol, Wort und Satz).

1b. Gibt es Symbole, Wörter oder Sätze, die auch zu anderen Personen passen? Ordnen Sie die Karten neu und machen Sie Notizen.

_____

_____

_____

_____

_____

_____

1c. Schauen Sie sich die Personen auf den Karten noch einmal an. Mit welcher der Personen können Sie sich identifizieren? Gibt es vielleicht auch mehrere Personen?

_____

_____

_____

_____

_____

_____

© Ernst Klett Sprachen GmbH, Stuttgart 2016 | www.klett-sprachen.de | Alle Rechte vorbehalten
Von dieser Druckvorlage ist die Vervielfältigung für den eigenen Unterricht gestattet.
ISBN 978-3-12-675267-1

Personenpuzzle

		ein Goth	Zu Pfingsten fahre ich jedes Jahr zum Wave-Gothik-Treffen nach Leipzig.
		ein Fußballfan	Mittwochs spiele ich Fußball im Verein. Samstags gehe ich dann zur Bundesliga ins Stadion.
		ein Nerd	Ich weiß alles über Star Trek, liebe Computerspiele und Wikileaks-Gründer Julian Assange ist mein Held.
		eine Bankerin	Ich kann gut mit Zahlen umgehen.
		Transgender	Ich mache mich gerne schön.
		ein Rentner	Jeden Dienstag und Freitag treffe ich mich mit den Mädels zum Nordic Walking im Park.
		Geflüchtete	In unserer Heimat werden wir politisch verfolgt.

© Ernst Klett Sprachen GmbH, Stuttgart 2016 | www.klett-sprachen.de | Alle Rechte vorbehalten
Von dieser Druckvorlage ist die Vervielfältigung für den eigenen Unterricht gestattet.
ISBN 978-3-12-675267-1

8. Wir bauen einen Menschen

Lernziele:

- kann an der Bedeutungsproduktion in der Fremdsprache mitwirken und diese erweitern
- kann Formen und Praktiken der Bedeutungsproduktion erkennen und reflektieren
- kann Diskurspluralität und alternative Diskurspositionen (an)erkennen

Materialien:
KV 19, 20, pro TN eine Puppe (KV 21)

Didaktischer Kommentar:

1a. Die TN können entscheiden, ob sie mit ihrer Figur eine fiktive Person erschaffen oder sich selbst darstellen wollen. Weisen Sie darauf hin, dass sie verschiedene Rollen einnehmen und mit Kategorien spielen können.

1b. Die TN erstellen in Partnerarbeit Fragen, die sie für das anschließende Blind Date (1c.) benötigen.
An dieser Stelle sollte darauf hingewiesen werden, dass nicht alle Kategorien einfach zu erfragen sind. So könnte man diskutieren, ob die Frage nach dem Geschlecht angemessen wäre oder nicht.

1c. Bilden Sie Paare. Die TN erfragen mit Hilfe der Tabelle aus 1b. Informationen zur Figur ihres Partners aus 1a.
Dieses klassische Kennenlernspiel regt durch das Schlüpfen in eine Rolle (1a.) zum einen zum Perspektivwechsel an. Zum anderen wird den TN bewusst, dass sie durchaus verschiedene Rollen einnehmen können und dass jeder in seiner Art vielfältig ist.
Im Anschluss kann im Plenum gemeinsam über die Erfahrungen reflektiert werden: Wen haben die TN gefunden? Welche Gemeinsamkeiten haben sie? Welche Unterschiede?

Wir bauen einen Menschen

1a. Schaffen Sie mit Hilfe der Figur eine fiktive Person oder sich selbst. Was charakterisiert diese Figur? Denken Sie dabei an Hobbys, Accessoires, Kleidungsstücke, Frisur, Aussehen etc. Gibt es Dinge, die bei Ihrer Figur nicht sichtbar sind?

1b. Wie kann man die folgenden Kategorien erfragen? Formulieren Sie mögliche Fragen in Partnerarbeit.

	Fragen
Geschlecht	
Hobbys / Aktivitäten	
Religion	
Herkunft	

© Ernst Klett Sprachen GmbH, Stuttgart 2016 | www.klett-sprachen.de | Alle Rechte vorbehalten
Von dieser Druckvorlage ist die Vervielfältigung für den eigenen Unterricht gestattet.
ISBN 978-3-12-675267-1

Wir bauen einen Menschen

1c. Schlüpfen Sie in die Rolle Ihrer Figur aus 1a.
   Sie gehen zu einem ‚Blind Date' und treffen dort eine andere Person.
   Lernen Sie sich kennen. Tragen Sie die Informationen in die Tabelle ein.

Geschlecht:

Hobbys / Aktivitäten:

Religion:

Herkunft:

© Ernst Klett Sprachen GmbH, Stuttgart 2016 | www.klett-sprachen.de | Alle Rechte vorbehalten
Von dieser Druckvorlage ist die Vervielfältigung für den eigenen Unterricht gestattet.
ISBN 978-3-12-675267-1

Wir bauen einen Menschen

Gestalten Sie Ihre Figur wie in 1a. erklärt.

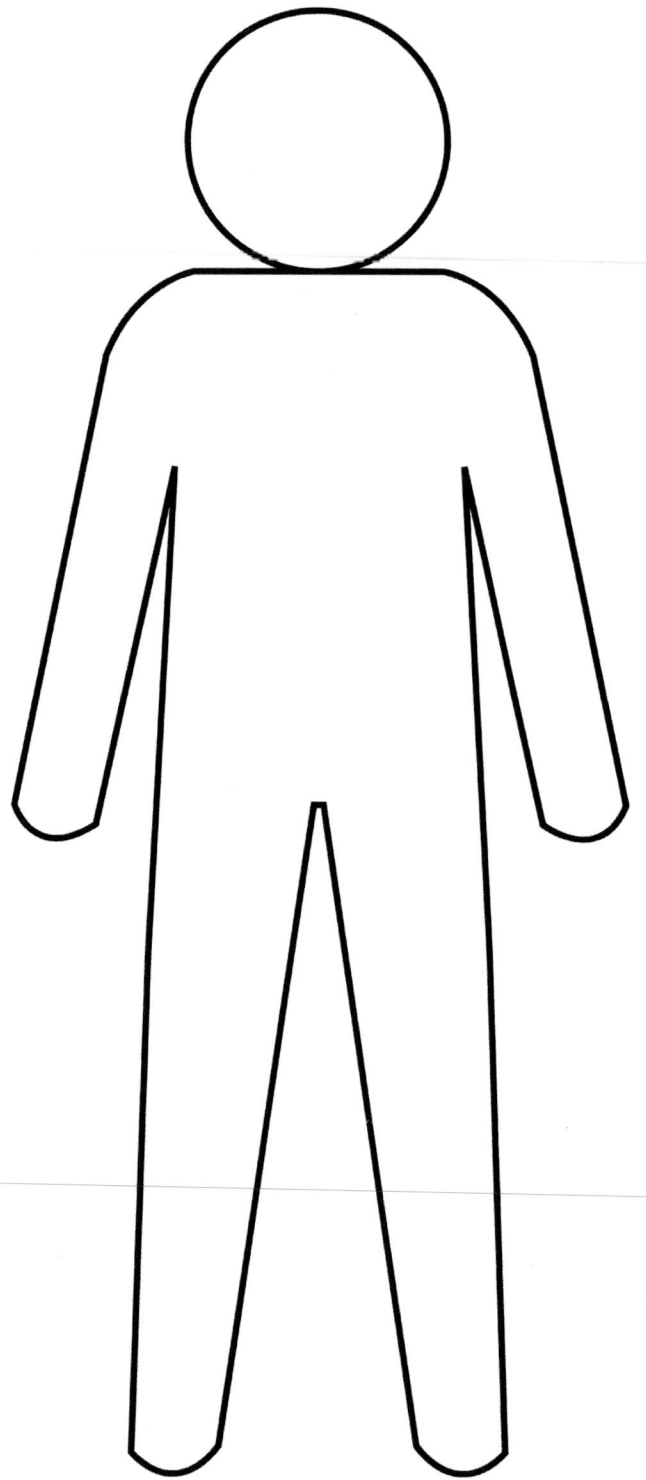

© Ernst Klett Sprachen GmbH, Stuttgart 2016 | www.klett-sprachen.de | Alle Rechte vorbehalten
Von dieser Druckvorlage ist die Vervielfältigung für den eigenen Unterricht gestattet.
ISBN 978-3-12-675267-1

KV 21

9. Selbstbilder – Reflexion

Lernziele:
- kann an der Bedeutungsproduktion in der Fremdsprache mitwirken und diese erweitern
- kann Formen und Praktiken der Bedeutungsproduktion erkennen und reflektieren
- kann Diskurspluralität und alternative Diskurspositionen (an)erkennen

Materialien:
KV 22

Didaktischer Kommentar:

1a. Die Aufgabe der Selbstbeschreibung wird nun am Ende des Moduls wiederholt (vgl. Einheit 1). Idealerweise geschieht dies nun komplexer und reflektierter als am Anfang des Moduls. Die TN sollten erkannt haben, wie Menschen kategorisiert werden bzw. wie stereotypische Kategorisierungen unterlaufen werden können, und dies während der Auseinandersetzung reflektieren. Da die TN sich bei dieser Aufgabe sehr öffnen, sollten die Ergebnisse nur auf freiwilliger Basis öffentlich gemacht werden (z. B. innerhalb einer Diskussion im Plenum).

1b. Idealerweise erkennen die TN im Vergleich zu Aufgabe 1 in der Auftakteinheit, dass ihre veränderten Selbstbeschreibungen auf die stärkere Reflexion von (Selbst-)Kategorisierungen zurückzuführen sind.

Selbstbilder – Reflexion

1a. Beschreiben Sie sich selbst.

1b. Vergleichen Sie Ihre beiden Selbstbeschreibungen. Hat sich etwas verändert? Haben Sie etwas gelernt?

© Ernst Klett Sprachen GmbH, Stuttgart 2016 | www.klett-sprachen.de | Alle Rechte vorbehalten
Von dieser Druckvorlage ist die Vervielfältigung für den eigenen Unterricht gestattet.
ISBN 978-3-12-675267-1

Modul Essen

Einheiten	Seite

1. Wir kaufen ein – Auftakt	56

Dauer: ca. 45 Minuten

Lernziele:

- kann an Bekanntes (Alltagshandlung Einkaufen) anknüpfen
- kann Formen und Praktiken der Bedeutungsproduktion in der Fremdsprache (in Werbeprospekten) erkennen
- kann den eigenen Standpunkt / Diskursposition vertreten (hinterfragen und erweitern)
- kann fremde Standpunkte / Diskurspositionen verstehen
- kann an der Bedeutungsproduktion in der Fremdsprache mitwirken

Materialien:	**Fertigkeiten:**
KV 23, Einkaufsprospekte in Farbe (online); Karten oder Notizzettel	detailliertes und selektives Lesen bzw. Sehen, Sprechen, Schreiben

2. Was kaufen andere?	58

Dauer: ca. 45 Minuten

Lernziele:

- kann fremde Standpunkte / Diskurspositionen verstehen
- kann Diskurspluralität und alternative Diskurspositionen (an)erkennen

Materialien:	**Fertigkeiten:**
KV 24–26	Lesen, Sprechen

3. Die Kuh als Klimakiller (Übungseinheit zum Argumentieren)	62

Dauer: ca. 90 Minuten

Lernziele:

- kann Formen und Praktiken der Bedeutungsproduktion in der Fremdsprache (in argumentativen Texten) erkennen
- kann Diskurspluralität und alternative Diskurspositionen (an)erkennen
- kann an der Bedeutungsproduktion in der Fremdsprache mitwirken

Materialien:	**Fertigkeiten:**
KV 27–29	Lesen, Sprechen, Argumentationskompetenz

4. Tiere essen	67

Dauer: ca. 135 Minuten

Lernziele:

- kann fremde Standpunkte / Diskurspositionen verstehen
- kann Formen und Praktiken der Bedeutungsproduktion in der Fremdsprache (in Forenbeiträgen, Grafiken, Interviews, Fotos, Plakaten) erkennen
- kann Diskurspluralität und alternative Diskurspositionen (an)erkennen
- kann an der Bedeutungsproduktion in der Fremdsprache mitwirken (und diese erweitern)

Materialien:	**Fertigkeiten:**
pro TN KV 30 und 31, sowie eine Textsammlung für jede Gruppe (Textsammlung 1: KV 32/33; Textsammlung 2: KV 34/35; Textsammlung 3: KV 36/37), Bilder in Farbe (online)	Lesen, Sprechen, Schreiben

5. Fakten	76

Dauer: ca. 45 Minuten

Lernziele:

- kann Formen und Praktiken der Bedeutungsproduktion in der Fremdsprache in (Grafiken, Statistiken) erkennen
- kann Diskurspluralität und alternative Diskurspositionen (an)erkennen

Materialien:	**Fertigkeiten:**
KV 38 und 39	Lesen, Sprechen

6. Wurst und Wahn	79

Dauer: ca. 90 Minuten

Lernziele:

- kann Formen und Praktiken der Bedeutungsproduktion in der Fremdsprache (literarischer Text) erkennen und interpretieren

Materialien:	**Fertigkeiten:**
KV 40–43	globales / selektives Lesen, Sprechen

7. Supertrumpf	85

Dauer: ca. 90 Minuten

Lernziele:

- kann Formen und Praktiken der Bedeutungsproduktion in der Fremdsprache erkennen
- kann Diskurspluralität und alternative Diskurspositionen (an)erkennen
- kann an der Bedeutungsproduktion in der Fremdsprache mitwirken (und diese erweitern)

Materialien:	**Fertigkeiten:**
KV 44, pro Gruppe je einen Satz Spielkarten Wurstquartett sowie 2 Extrakarten und 1 Geheimkarte (KV 45)	Lesen, Sprechen, Schreiben

8. Wir machen eine Talkshow	89
Dauer: ca. 90 Minuten	
Lernziele: ■ kann Formen und Praktiken der Bedeutungsproduktion in der Fremdsprache (in Talkshows) erkennen ■ kann Diskurspluralität und alternative Diskurspositionen (an)erkennen ■ kann an der Bedeutungsproduktion in der Fremdsprache mitwirken (und diese erweitern) ■ kann den eigenen Standpunkt / Diskursposition vertreten (hinterfragen und erweitern)	

Materialien: KV 46	**Fertigkeiten:** Schreiben, Hören, Sprechen

9. Wir kaufen ein – Reflexion	91
Dauer: ca. 45 Minuten	
Lernziele: ■ kann Formen und Praktiken der Bedeutungsproduktion in der Fremdsprache (in Werbeprospekten) erkennen ■ kann Diskurspluralität und alternative Diskurspositionen (an)erkennen ■ kann an der Bedeutungsproduktion in der Fremdsprache mitwirken (und diese erweitern) ■ kann den eigenen Standpunkt / Diskursposition vertreten (hinterfragen und erweitern)	

Materialien: KV 47, Prospekte, Tabellen aus Auftakteinheit	**Fertigkeit:** Schreiben

1. Wir kaufen ein – Auftakt

Lernziele:
- kann an Bekanntes (Alltagshandlung Einkaufen) anknüpfen
- kann Formen und Praktiken der Bedeutungsproduktion in der Fremdsprache (in Werbeprospekten) erkennen
- kann den eigenen Standpunkt / Diskursposition vertreten (hinterfragen und erweitern)
- kann fremde Standpunkte / Diskurspositionen verstehen
- kann an der Bedeutungsproduktion in der Fremdsprache mitwirken

Materialien:
KV 23, Einkaufsprospekte in Farbe. (Dazu Klett-Online-Code **dw8g39k** auf www.klett-sprachen.de eingeben.)

Didaktischer Kommentar und mögliche Lösungen:
Diese Einheit dient der Vorwissensaktivierung.

1a. Die TN beschreiben die Werbeprospekte zum Thema Fleisch. Sie beschäftigen sich mit Form und Inhalt von Werbeprospekten, dabei bekommen sie erste Ideen, wie Praktiken der Bedeutungsproduktion in der Werbung funktionieren. Hierbei kategorisieren die TN unbewusst, indem sie Gründe wie Preis, Qualität, Herkunft thematisieren. Während in *Prospekt 1* Wurst mit Serviervorschlägen präsentiert wird und auf die Herkunft sowie das Handwerk der traditionellen Wurstherstellung verwiesen wird, sieht man in *Prospekt 2* eher rohes Fleisch sowie die Verpackung, was der Wiedererkennung dient. Ebenso wird auf das Sonderangebot verwiesen. Die farbliche Gestaltung und die Beschreibung der Produkte sowie die Größe der Preisangaben sind weitere Unterschiede. Man kann vermuten, dass sich *Prospekt 1* eher an ein Publikum wendet, welches statt auf den Preis eher auf Qualität und Herkunft achtet. *Prospekt 2* wiederum wendet sich vermutlich an ein Publikum, welches den Preis als entscheidendes Kaufkriterium sieht.

1b. Legen Sie an der Tafel bzw. am Flipchart eine Tabelle an:

Gründe für den Kauf	Gründe gegen den Kauf

Die TN notieren ihre Gründe für oder gegen den Kauf in ihre Tabelle. Diese können sowohl von der Werbung beeinflusst („sieht gut aus", „ist preiswert"), als auch persönlicher Natur („Ich bin Vegetarier", „Ich kaufe kein billiges Fleisch") sein. Sammeln Sie anschließend alle Gründe Ihrer TN für und gegen den Kauf an der Tafel. Einige Gründe sind eventuell nicht eindeutig zuzuordnen und können in der Mitte der Tabelle notiert werden.

1c. Im Plenum werden nun die einzelnen Gründe besprochen. Welche Gründe für und gegen den Kauf sind häufig, welche eher selten? Was sagen einzelne TN zu ihren Gründen? Möglicherweise gibt es Gründe, die auf beiden Seiten der Tabelle auftauchen, diskutieren Sie diese im Kurs besonders. „Billig" – also die Kategorie ‚Preis' – könnte z. B. sowohl ein Argument *für* als auch *gegen* den Kauf eines Produktes sein. Wenn möglich, fotografieren Sie das Tafelbild bzw. heben Sie das Flipchart-Blatt auf, in Einheit 2 werden Sie erneut mit diesem Tafelbild arbeiten.

Wir kaufen ein – Auftakt

1a. Sehen Sie sich die Werbeprospekte an. Wie werden die Produkte präsentiert? An wen richten sich die Prospekte? Vergleichen Sie und tauschen Sie sich mit einem Partner aus.

Prospekt 1: Galeria Kaufhof

Prospekt 2: Netto

1b. Was würden Sie kaufen? Warum (nicht)? Schreiben Sie die Gründe, die aus Ihrer Sicht für oder gegen den Kauf sprechen, in die Tabelle.

	Gründe für den Kauf	Gründe gegen den Kauf
Prospekt 1		
Prospekt 2		

1c. Welche der genannten Argumente sind für Sie neu? Welchen stimmen Sie zu? Welchen nicht?

© Ernst Klett Sprachen GmbH, Stuttgart 2016 | www.klett-sprachen.de | Alle Rechte vorbehalten
Von dieser Druckvorlage ist die Vervielfältigung für den eigenen Unterricht gestattet.
ISBN 978-3-12-675267-1

2. Was kaufen andere?

45 min

Lernziele:
- kann fremde Standpunkte / Diskurspositionen verstehen
- kann Diskurspluralität und alternative Diskurspositionen (an)erkennen

Materialien:
KV 24–26

Didaktischer Kommentar und mögliche Lösungen:
Diese Einheit knüpft an Einheit 1 an.

1a. Die Aufgabe dient dem globalen Leseverstehen. Die TN fassen in ein bis zwei Sätzen die Hauptaussage(n) der Personen zusammen. Da es zu den Sprechern keine Angaben zu Person, Alter, etc. gibt, können so ‚eigene' Personen in den Köpfen der TN erstehen. Bitten Sie die TN, ihre imaginierten Personen näher zu beschreiben und ihre Annahmen zu begründen; z. B. *Ich stelle mir bei Nummer 4 eine junge Mutter vor; die Person macht sich sehr viele Gedanken um ihre Umwelt und möchte hier einen kleinen Beitrag leisten indem sie regional einkauft.*

1b. Diese Aufgabe dient dem selektiven Leseverstehen und führt zum Ausfüllen der Tabelle. Zunächst handeln die TN aus, welche drei Aussagen sie vertiefen wollen. Schon hier sind die Gründe interessant, die zur Auswahl der Personen geführt haben und können beim Vergleich herangezogen werden. Die TN führen in der Tabelle auf, was die Person kauft bzw. nicht kauft und finden die dazugehörigen Gründe für oder gegen den Kauf. Mögliche Lösungen finden Sie im Anhang. Anschließend tragen Sie im Plenum die Kaufgewohnheiten der Personen und die Gründe dafür von allen TN zusammen, indem Sie die Tabelle für alle sichtbar an der Tafel / Flipchart / White- oder Smartboard vervollständigen. Bitten Sie die TN, ggf. auch ihre eigenen Tabellen zu ergänzen.

1c. Diese Aufgabe fokussiert inhaltliche Argumente und die sprachlichen Mittel der Argumentation (z. B. *qualitativ hochwertig: Ich tu mir was Gutes und gebe mehr Geld aus; Extrabillig: billig muss es sein und viel Fleisch – 1 kg nur 3.49 €!*). Ein wichtiger Aspekt konzeptionell mündlicher Texte sind darüber hinaus sprachliche Merkmale der Mündlichkeit (z. B. *„saubillig", „hmm", „so'n"*). Sammeln Sie diese an der Tafel und diskutieren Sie. Mögliche Lösungen finden Sie im Anhang.

1d. Zeigen Sie das fotografierte Tafelbild bzw. das Flipchart-Blatt aus Einheit 1. Wir kaufen ein. Die TN vergleichen die bereits gesammelten Argumente mit den Gründen aus den Aussagen der Personen. Werden Gründe der TN für den Kauf eventuell von anderen Personen als Gründe gegen den Kauf genannt? Woran kann das liegen? Die Aufgabe zielt darauf ab, Diskurspluralität und alternative Deutungen zu betonen.

1e. Bitten Sie nun Ihre TN darum, ihre persönlichen Argumente für und gegen den Kauf von bestimmten Produkten noch einmal genau anzusehen. Nachdem die TN weitere Argumente gehört und durchdacht haben, entscheiden sie, welche Argumente für sie plausibel sind, welchen sie sich anschließen wollen und deshalb in ihrer persönlichen Tabelle ergänzen. Diese Aufgabe ist auch gut als Hausaufgabe möglich.

Was kaufen andere?

1a. Lesen Sie die Aussagen. Wer spricht? Worum geht es?

_____

_____

_____

1b. Lesen Sie die Aussagen noch einmal. Arbeiten Sie mit einem Partner zusammen und wählen Sie 3 Personen aus: Was kaufen die Personen (nicht)? Welche Gründe nennen sie?

Wer?	Was kauft die Person?	Warum?	Was kauft die Person nicht?	Warum nicht?

1c. Welche inhaltlichen Argumente und sprachlichen Mittel nutzen die Sprecher bei der Argumentation? Markieren Sie diese im Text. Achten Sie auch auf sprachliche Aspekte der Mündlichkeit.

1d. Vergleichen Sie die Argumente mit denen aus 1. Wir kaufen ein. Was fällt Ihnen auf?

1e. Sehen Sie sich Ihre eigene Tabelle aus 1. Wir kaufen ein noch einmal an. Möchten Sie Argumente ergänzen?

© Ernst Klett Sprachen GmbH, Stuttgart 2016 | www.klett-sprachen.de | Alle Rechte vorbehalten
Von dieser Druckvorlage ist die Vervielfältigung für den eigenen Unterricht gestattet.
ISBN 978-3-12-675267-1

Was kaufen andere?

Person 1:

Was optisch lecker aussieht, find ich, ist das gesamte Salami- und Schinkensortiment. Das sieht wie so eine ganz rustikale italienische Brotzeit oder so'n Antipasti aus, fehlt nur noch das Glas Rotwein. Sogar die Oliven stehen schon auf dem Tisch. Hier sieht man, woher die Wurst kommt und dass sie frisch aufgeschnitten wird. Komischerweise schaut man hier nicht zuerst auf die Preise, sondern zuerst auf die Bilder. Und wenn man dann auf den Preis guckt, dann ist ja hier noch so ne tolle Beschreibung: „16 Monate in der frischen Luft zwischen Flachland und Apenninen gereift" hmm lecker. Und man merkt auch: das Format, die Bilder, das Papier … das ist alles so auf edel gemacht. Die Prospekte, die so extra billig aussehen, die sind auch extra so aufgemacht, weil sie die Leute ansprechen, die im Prinzip etwas anderes suchen. Nämlich: „Billig muss es sein und viel Fleisch – 1 kg nur 3.49 €!" Und hier bei dem linken Prospekt ist es eher: „Ich tu mir was Gutes und gebe mehr Geld aus." Und dafür ist es dann auch qualitativ hochwertig und deswegen auch so schön angerichtet, obwohl es vielleicht gar nicht immer so viel besser ist.

Person 2:

Was ich kaufen würde, ist das Schäufele. Oder die Schäufele?! Ich glaube, das ist so was Regionales in Deutschland. Das finde ich irgendwie sympathisch. Die Schweinehaxe würd' ich nicht kaufen. Ich finde, das sieht eklig aus. Ich denk immer, das ist so … das ist so ungesund. Außerdem sieht man hier diesen rohen Fleischklumpen in der Plastikverpackung und der sieht irgendwie schwabbelig aus. Uäh. Das ist immer so fettig.

So Sachen wie hier den Parmaschinken assoziiere ich hingegen immer mit gesund, denn der sieht ganz mager aus. Außerdem wird der vom Stück abgeschnitten. Sieht man ja sogar hier im Prospekt. Und da denke ich: das kann kein Press- bzw. Formfleisch sein oder mit irgendwas vermischt werden. Und die italienischen Produkte sind von der Qualität her meiner Meinung nach ganz gut. Wenn sie hier noch Panna Cotta oder Grana Padano hätten, würde ich die auch kaufen. Auch das Preis-Leistungsverhältnis stimmt hier, auch wenn's ein bisschen teurer ist.

Person 3:

Minutensteaks finde ich von der Sache her nicht schlecht. Und dann auch noch −10 %. Das ist saubillig. Der Preis springt einen richtig an. Auch farblich. Aber dann kommt wieder das ökologische Gewissen bei mir durch. Also: umso billiger es ist, umso schlechter geht es wahrscheinlich den Rindern, von denen das Fleisch kommt. Bei Hühnchen denk ich auch immer gleich daran, dass die in Massenställen gezüchtet werden. Oder bei Schweinen. Das Schweineschnitzel würd' ich aber auf gar keinen Fall kaufen, da denk ich gleich an Antibiotika. Da sind mir auch die −18 % egal … Aber im Supermarkt ist es ja doch schon sehr anonym und dann vergisst man auch kurz die Bilder aus den Schlachthöfen und Massenställen. Also vielleicht würde ich das Minutensteak am Ende sogar kaufen.

© Ernst Klett Sprachen GmbH, Stuttgart 2016 | www.klett-sprachen.de | Alle Rechte vorbehalten
Von dieser Druckvorlage ist die Vervielfältigung für den eigenen Unterricht gestattet.
ISBN 978-3-12-675267-1

Was kaufen andere?

Person 4:

Hmm … in dem einen Prospekt kommt fast alles vom Gut Ponholz. Scheint ein ziemlich großer Betrieb zu sein. Massentierhaltung oder so. Aber so richtig weiß man es eben auch nicht. Bei den Salami-und Schinkenspezialitäten weiß man erst recht nicht, wo die Sachen herkommen. Und dann gibt's da Rindfleisch aus Texas – weil's bei uns keine Rinder gibt … Das ist wieder was für deinen CO_2-Abdruck. Dann wäre es vielleicht doch besser direkt aufm Bauernhof oder beim Fleischer einzukaufen. Hier kann ich wenigstens entscheiden, ob ich zum einen 100 g oder 150 g kaufe und zum anderen habe ich auch das Gefühl, dass die Ware dort frischer ist. Und auch die Herkunft ist dort vielleicht klarer, zumindest kann ich nachfragen und mich dann erst entscheiden.

Person 5:

Ich kaufe keine Wurst und auch kein Fleisch, denn ich bin Ovo-Lakto-Vegetarier, also ich esse z.B. Fisch, aber ich esse kein Huhn, kein Schweine- und auch kein Rindfleisch. Und das mach ich jetzt schon seit mehr als 16 Jahren. Fast 18 Jahre. Ich ernähre mich so, weil ich denke, dass Fleisch ganz oft unter sehr schlechten Bedingungen produziert wird, weil es teilweise hormonverseucht ist. Natürlich gibt es Biofleisch, was ich mir vorstellen könnte, vielleicht mal für Gäste zu kaufen. Aber ich selber habe gar keinen großen Appetit auf Fleisch. Ich fühle mich einfach besser und gesünder ohne Fleisch.

Person 6:

Wenn ich etwas kaufen müsste, dann wäre es Geflügel. Schwein ist nicht so meine Fleischsorte. Mein Arzt hat mir davon abgeraten. Ich habe vor Jahren aufgehört Schweinefleisch zu essen, denn es ist sehr ungesund. Cholesterin, Gicht , Übergewicht – was man nicht alles vom Schweinefleischessen bekommen soll. Und dann der hohe Fettgehalt. Und bei der Wurstproduktion wird ja auch noch allerhand dazu gemischt. Das kann auch nicht gesund sein. Da hat der Islam vielleicht schon Recht, dass er den Verzehr von Schweinefleisch gleich allgemein verbietet. Bleiben für mich hier auf dem Prospekt also nur die Hähnchenschenkel. Wobei – so eingeschweißt in Plastik kann das ja auch nicht gesund sein. Vielleicht mach ich mir heute Abend einfach einen Salat mit frischem Gemüse.

Person 7:

Hmmm. Wir haben ja morgen ein Grillfest mit ein paar Freunden und da brauch ich sowieso noch Fleisch. Also ich würd' ganz klar die Hähnchenflügel nehmen. Die kann man gut vorbereiten und rumknabbern tut jeder gern. Hmmm. Dann würd' ich noch drei Packungen von den Kamm-Steaks nehmen. Die kommen beim Grillen immer gut an. Bleiben schön saftig und man kann sie unterschiedlich würzen. Dieses edle Salamizeugs aus Italien oder so ist nichts für mich. Könnte ich mir auch gar nicht leisten bei meinem Gehalt. Ich will lieber ordentlich was auf'm Teller haben und nicht den ganzen Abend auf einer Wurstscheibe rumkauen müssen. Meine Kumpels sehen das genauso. Denen bräucht ich bei nem Grillfest nicht mit Karottensticks kommen. Da isst schon jeder seine drei Scheiben Fleisch.

© Ernst Klett Sprachen GmbH, Stuttgart 2016 | www.klett-sprachen.de | Alle Rechte vorbehalten
Von dieser Druckvorlage ist die Vervielfältigung für den eigenen Unterricht gestattet.
ISBN 978-3-12-675267-1

90 min

3. Die Kuh als Klimakiller?

Lernziele:
- kann Formen und Praktiken der Bedeutungsproduktion in der Fremdsprache (in argumentativen Texten) erkennen
- kann Diskurspluralität und alternative Diskurspositionen (an)erkennen
- kann an der Bedeutungsproduktion in der Fremdsprache mitwirken

Materialien:
KV 27–29

Didaktischer Kommentar und mögliche Lösungen:

Einheit 3 dient als Vorentlastung für Einheit 4, in der drei verschiedene Textsammlungen in Gruppen bearbeitet werden.

Argumentieren gehört zu einer Basisqualifikation innerhalb der Diskurskompetenz. Um an Bedeutungskonstruktionen in der Fremdsprache mitwirken, diese erweitern und hinterfragen zu können, muss man fremde Argumentationen verstehen und eigenen Argumente formulieren können. Insgesamt geht es in dieser Einheit um die Fragen, was Argumentieren eigentlich ist, welche funktionalen Elemente Argumentationen charakterisieren und welche sprachlichen Argumentationssignale es gibt.

1a. Die TN lesen zwei argumentative Texte, die in einen gegensätzlichen Zusammenhang gestellt wurden und die in der gesamten Einheit als Beispieltexte dienen. Das Lesen der Texte kann auch als vorbereitende Hausaufgabe geschehen.

1b. Hierbei handelt es sich um einen ersten sehr allgemeinen Einstieg in das Thema ‚Argumentieren'. Dabei sollen zwei Texte als ‚argumentativ' klassifiziert werden, indem sie nicht als ‚literarische' Texte gesehen werden. Sie können die Lernenden fragen, was dafür spricht, dass es sich um ‚argumentative' Texte handelt, und nicht etwa um ‚literarische'.

1c. Die Aufgabe dient einer ersten argumentationsanalytischen Auseinandersetzung mit den beiden Texten. Es soll entschieden werden, ob die Texte 1 und 2 für oder gegen eine These argumentieren. Sie können die Lernenden fragen, woran sie das erkennen.

Lösung: *Text 1 argumentiert <u>für</u> die These, die Kuh ist ein Klimakiller. Text 2 argumentiert <u>gegen</u> die These, die Kuh ist ein Klimakiller.*

1d. Die Aufgabe ist ein erster Versuch, selbst Thesen und Argumente im Text zu rekonstruieren. Die Aufgabe dient der erneuten lesenden Auseinandersetzung mit dem Text, indem selektiv nach Thesen und Argumenten gesucht wird. Achtung: Thesen sind vom Lesenden als solche zu bestimmen, sie sind meist – auch in diesem Text – nicht eindeutig, sondern immer auch abhängig vom Lesekontext. Hier wurden beide Texte bewusst in einen widersprüchlichen Zusammenhang gebracht. Die Bestimmung der Thesen und Argumente als solche sind also auch davon abhängig! Die Bearbeitung der Aufgabe kann den Lernenden auch zeigen, dass sie ggf. noch gar nicht so recht in der Lage sind, Thesen und Argumente zu rekonstruieren, weil sie möglicherweise nicht so genau wissen, was das eigentlich ist. Eine Auseinandersetzung mit diesen Begrifflichkeiten und damit, was Argumentieren eigentlich ist, folgt in den folgenden Aufgaben.

1e. bildet die theoretische Fundierung: Um argumentative Texte verstehen und produzieren zu können, muss man zunächst wissen, was Argumentieren ausmacht. Hier sollen die Lernenden durch eine Zuordnungsaufgabe zentrale rhetorische Elemente der Argumentation und deren Funktion kennen lernen.

1f. Diese Aufgabe dient einer weiteren vertiefenden Auseinandersetzung mit dem Text 1 hinsichtlich seines rhetorischen Argumentationspotentials. Die theoretisch kennen gelernten rhetorischen Elemente der Argumentation sollen hier in einer Art Meta-Argumentationsanalyse am praktischen Beispiel (Text 1) rekonstruiert werden. Dies geschieht noch sehr gerüstartig.

1g. Diese Aufgabe dient einer vertiefenden Auseinandersetzung mit Text 2 im Hinblick auf den dort vertretenen argumentativen Standpunkt. Die Aufgabe verlangt Entscheidungen, die für die Argumentation des Textes (im logischen Gegensatz zum Text 1) relevant sind. Durch das erneute gesteuerte selektive Lesen des Textes können die Lernenden sich dieser Argumentationssignale noch recht gesteuert bewusst werden. Mögliche Lösungen zu 1d. bis 1g. finden Sie im Anhang (S. 122).

In Aufgabe **2** werden sprachliche Argumentationssignale bewusst gemacht.

2a. In dieser Aufgabe sollen die Thesen zunächst erkannt und dann auf ihrer sprachlichen Darstellung als Fakt thematisiert werden: … sei „klar" bzw. „außer Frage".
Lösung: *Text 1: „Inzwischen ist klar, dass Rinder zu den größten Klimakillern zählen."*
Text 2: „Während andere die Schuld bei der Kuh suchen, steht für mich außer Frage: Die Kuh ist kein Klima-Killer."

Den Lernenden soll deutlich werden, dass eine solche ‚Klarheit schaffende' Darstellung mithilfe der Sprache der eigenen Argumentation und dem Überzeugen der anderen dienen soll. Wenn ich sage „Es ist klar …" oder „Es steht außer Frage" ist das etwas anderes als wenn ich sage, „Es könnte sein, …", „Ich glaube …", oder „Ich habe gehört, …". Sie können eine solche Gegenüberstellung mit Ihren Lernenden auch thematisieren und weitere Beispiele finden und dann vergleichen, welche Einleitungen für Behauptungen besser zum Argumentieren passen.

2b. und c. dienen der Aufmerksamkeitsfokussierung auf sprachliche Argumentationssignale, hier v. a. auf ‚negativ' und ‚positiv' konnotierte Wörter und Wendungen. Auch dies ist eine Frage der Interpretation. Dass ‚Killer' eher mit ‚Bösem', ‚Schlechtem' in Verbindung gebracht wird, leuchtet wohl eher ein. Ein ‚Masttier' ist sicher nicht ‚an sich' negativ aufgeladen. Im Kontext des Themas aber eben doch. Sie können die Lernenden darauf hinweisen, dass ein solches Sprachgefühl auch eine große Rolle in Argumentationen spielt und dass es auch darum geht, dass sie das Sprachgefühl im Laufe der Zeit entwickeln werden, wenn sie sich weiterhin landeskundlich-diskursiv bilden. Für detaillierte Lösungen zu 2b. und 2c. siehe Anhang (S. 123).

Die Kuh als Klimakiller?

1a. Lesen Sie die beiden Texte.

Text 1: Klimakiller und Hungerverursacher Landwirtschaft

[…] Inzwischen ist klar, dass Rinder zu den größten Klimakillern zählen. Nach einer Studie der Welternährungsorganisation FAO entstehen mindestens 10 Prozent der vom Menschen verursachten Treibhausgase bei der Nutztierhaltung. Forscher des Worldwatch Institute berechneten sogar 51 Prozent – Kohlendioxid im Rinderatem gilt als ebenso schädlich wie aus dem Autoauspuff. Eine besondere Gefahr geht vom Methan aus, das sich im Verdauungstrakt der Wiederkäuer bildet und dann freigesetzt wird. Und das ist nur ein Teil des Öko-Problems. Werden etwa in Südamerika Regenwälder abgeholzt, dienen die neugewonnenen Flächen oft der Fleischproduktion: Ein Drittel nutzen die Großbetriebe für die Viehzucht, zwei Drittel für den Anbau von Futtermitteln. Obwohl Millionen Menschen noch immer hungern, fressen die Masttiere 35 Prozent der Getreideernte dieses Planeten. Für die Herstellung eines Kilogramms Fleisch werden mindestens zwei Kilo Getreide oder Sojafrüchte benötigt. […]

(aus: SPIEGEL 3/2011)

Text 2: Furzen ist nicht alles

Während andere die Schuld bei der Kuh suchen, steht für mich außer Frage: Die Kuh ist kein Klima-Killer. Kühe pupsen nämlich nicht nur, sondern sie fressen Gras, wenn sie ihrer Art entsprechend gehalten werden. Etwa 40 Prozent der weltweiten Landflächen sind mit Grünland bedeckt. Wiesen können große Mengen an Humus aufbauen und jede Tonne Humus bindet wenigstens 1,8 Tonnen klimaschädliches CO_2. Weiden können und sollten also als dauerhafte Dioxidlager genutzt werden. Und Kühe können dazu dienen, um solche Landschaften zu pflegen. Sie eignen sich, denn ihre Klauen stabilisieren den Boden und ihr Mist düngt die Pflanzen. Diese sprießen umso kräftiger, wenn sie gelegentlich abgefressen werden. Außerdem ist es ein Trugschluss zu glauben, Kühe seien Nahrungskonkurrenten des Menschen. Was Kühe zu Klimakillern und Hungerverursachern macht, ist die Agroindustrie. Denn meist stehen die Tiere heute nur noch im Stall und in ihren Trögen landet Kraftfutter aus Mais, Getreide und Soja. Das wird in Monokulturen angebaut und mit hohem Energieaufwand gedüngt. Dabei entwickelt sich auch noch extrem klimaschädliches Lachgas.

1b. Sind die beiden Texte literarische oder argumentative Texte?

_____

1c. Welcher der beiden Texte argumentiert für die These, die Kuh ist ein Klimakiller, welcher dagegen?

Text 1 argumentiert _____ die These, die Kuh ist ein Klimakiller.

Text 2 argumentiert _____ die These, die Kuh ist ein Klimakiller.

© Ernst Klett Sprachen GmbH, Stuttgart 2016 | www.klett-sprachen.de | Alle Rechte vorbehalten
Von dieser Druckvorlage ist die Vervielfältigung für den eigenen Unterricht gestattet.
ISBN 978-3-12-675267-1

Die Kuh als Klimakiller?

1d. Markieren Sie in Text 1 Thesen und Argumente. Markieren Sie danach Textstellen, die diese Argumente stützen (z. B. Autoritäten oder Zahlen).

> **!**
>
> **Argumentieren**
>
> Argumentieren dient dem Überzeugen. Beim Argumentieren geht man häufig wie folgt vor: Zu einer Streitfrage wird eine Meinung geäußert (These). Für oder gegen die These werden Argumente vorgetragen, die oft mit Beispielen und Belegen unterstützt werden. Ob etwas eine These, ein Argument oder ein Beispiel ist, ist nicht immer eindeutig. Häufig bleiben Thesen und Argumente auch implizit und man muss sie selbst erschließen.

1e. Ergänzen Sie die Lücken.

> Argumente | These | Streitfrage | Autorität | Beispiele

> **Elemente der Argumentation**
>
> Die _____ wird mit Thesen und Argumenten beantwortet. Sie ist oft implizit.
>
> Die _____ ist eine eigene Behauptung.
>
> _____ begründen Thesen (weil, denn ...).
>
> _____ stützen Argumente.
>
> Der Bezug auf eine _____ verweist auf eine anerkannte Person oder Institution, um für eine These zu argumentieren.

1f. Lesen Sie Text 1 noch einmal und ergänzen Sie die Sätze.

> Welternährungsorganisation (FAO) sowie Forscher des Worldwatch Institute und deren Statistik | Rinder seien ein Nahrungskonkurrent zum Menschen | Rinder verursachten durch CO2- und Methan-Ausstöße Treibhausgase | statistischen Angaben über die Nutzung gerodeter Flächen für die Viehzucht | Rinder seien Klimakiller | Treibhausgasproduktion von Rindern

Im ersten Satz wird behauptet _____.

In Satz 2 bis 4 wird das Argument vorgebracht, _____.

Die Argumente werden durch Bezug auf Autoritäten gestützt, und zwar die Institutionen _____

_____

Im ersten Satz des zweiten Absatzes wird erneut mit ‚das' die _____
als Teil des Öko-Problems dargestellt.
Im zweiten Absatz wird eine weitere These vorgebracht: _____.
Auch diese These wird als unstrittig dargestellt. Dies wird argumentativ untermauert durch das Anführen von

_____

© Ernst Klett Sprachen GmbH, Stuttgart 2016 | www.klett-sprachen.de | Alle Rechte vorbehalten
Von dieser Druckvorlage ist die Vervielfältigung für den eigenen Unterricht gestattet.
ISBN 978-3-12-675267-1

Die Kuh als Klimakiller?

1g. Lesen Sie Text 2 noch einmal und streichen Sie die falschen Angaben in den Sätzen durch.

Im ersten Satz wird die These vertreten, dass die Kuh ein / kein Klimakiller ist.
Als Argument dient, dass Rinder beim Fressen von CO_2 / Gras auf Weiden stehen. Diese Weiden binden klimaschädliches CO_2 / Methan. Die Umwelt würde dadurch sogar geschützt / gefährdet.
Mit statistischen Angaben („40 Prozent der weltweiten Landflächen sind mit Grünland bedeckt" sowie „jede Tonne Humus bindet 1,8 Tonnen klimaschädliches CO_2") werden die Argumente untermauert / widerlegt.
Außerdem wird die These vertreten, die Kuh sei ein / kein Nahrungskonkurrent des Menschen. Vielmehr wird im Text behauptet, dass der Klimakiller die „Agroindustrie" sei und nicht das Rind.

2a. Mit welchen sprachlichen Mitteln werden die Thesen der beiden Texte eingeleitet?

Text 1: „_____, dass Rinder zu den größten Klimakillern zählen."

Text 2: „_____: Die Kuh ist kein Klima-Killer."

!

Sprachliche Argumentationssignale

In Argumentationen finden sich häufig:

- Konditionale, konsekutive, kausale oder modal-substitutive Konnektoren: *wenn, um … zu, denn, also, obwohl, anstelle von, anstatt zu …*
- Ausdrücke, die eine allgemeine Notwendigkeit ausdrücken, wie Modalverben oder Passiv: *können aufbauen, können und sollten genutzt werden, können dienen, werden benötigt, werden abgefressen, wird angebaut, wird gedüngt*
- Verstärkende oder abschwächende sprachliche Elemente: *die größten Klimakiller, mindestens 10 Prozent, sogar 51 Prozent, ebenso schädlich wie … , besondere Gefahr, große Mengen an …, wenigstens, hoher Aufwand, extrem*
- Lexikalische Argumentationssignale, die oft wertend sind und ihre argumentative Wirkung erst im Kontext des Textes entfalten: *Problem, Gefahr*

2b. In Text 1 werden eher negativ belegte Begriffe der Umweltdebatte verwendet, in Text 2 eher positive, wenn es um die Kuh als Weidetier geht. Markieren Sie diese Begriffe und erklären Sie, wie sie als Argumentationssignale wirken.

2c. Warum werden in Text 1 eher negative und in Text 2 eher positiv konnotierte Begriffe verwendet?

_____

_____

_____

© Ernst Klett Sprachen GmbH, Stuttgart 2016 | www.klett-sprachen.de | Alle Rechte vorbehalten
Von dieser Druckvorlage ist die Vervielfältigung für den eigenen Unterricht gestattet.
ISBN 978-3-12-675267-1

4. Tiere essen?

Lernziele:

- kann fremde Standpunkte / Diskurspositionen verstehen
- kann Formen und Praktiken der Bedeutungsproduktion in der Fremdsprache
  (in Forenbeiträgen, Grafiken, Interviews, Fotos, Plakaten) erkennen
- kann Diskurspluralität und alternative Diskurspositionen (an)erkennen
- kann an der Bedeutungsproduktion in der Fremdsprache mitwirken
  (und diese erweitern)

135 min

Materialien:

Pro TN KV 30 und 31 sowie eine Textsammlung (KV 32/33, 34/35 oder 36/37),
Grafiken und Bilder der Textsammlungen in Farbe (Dazu Klett-Online-Code
dw8g39k auf www.klett-sprachen.de eingeben.)

Didaktischer Kommentar und mögliche Lösungen:

Für diese Einheit stehen für 3 Gruppen 3 verschiedene Textsammlungen zur Verfügung. Die TN bilden Gruppen (1, 2 und 3), in Gruppe 1 erhält jede/r TN die Textsammlung 1, in Gruppe 2 jede/r TN Textsammlung 2, in Gruppe 3 jede/r TN Textsammlung 3 zur Bearbeitung. Die Aufgabe ist für alle Gruppen gleich und steht auf KV 30.

1. und 2. Bei diesen Aufgaben wird neben Inhalt und Argumentation der jeweiligen Texte auch die Verbindung von Inhalt, Form und Funktion fokussiert: Wie wirken sich Inhalte und Form von Filmen, Bildern, Werbung, Interviews etc. auf die Überzeugungskraft bestimmter Thesen aus? Bei der Analyse der Texte geht es nicht um Detailanalysen. Dennoch sollen die TN für wichtige formale und inhaltliche Punkte des Aufbaus, Darstellungstechniken, (Bild-)Text-Zusammenstellung etc. sensibilisiert werden.

Die TN können ihre Ergebnisse direkt in der Textsammlung notieren und führen diese anschließend in der Gruppe zusammen. Zusammenfassend kann sowohl in der Gruppe als auch abschließend im Plenum diskutiert werden, inwiefern sich die Interessen und Argumente der einzelnen Sprecher voneinander unterscheiden. Eine ausführliche Lösung zu 1. und 2a. befindet sich im Anhang (S. 124).

3. Im Anschluss stellt jede Gruppe die in ihrer Textsammlung thematisierten Standpunkte und Argumente in einem Kurzvortrag vor. Die TN können während der Vorträge der anderen Gruppen die wichtigsten Punkte des Vortrags auf dem Arbeitsblatt zum Gruppenvortrag (KV 31) notieren.

Abschließend diskutieren die TN in einer Plenumsdiskussion die in den Texten thematisierten Kategorien (z. B. Gesundheit, Moral, Qualität, etc.).

Tiere essen?

1. *Lesen Sie die Texte. Markieren und notieren Sie.*

    - Welche Personen oder Institutionen kommen zu Wort?
    - Welche Standpunkte und Thesen vertreten sie zum Thema ‚Tiere essen'?
    - Welche inhaltlichen Argumente bringen sie an?
    - Mit welchen sprachlichen und formalen Mitteln werden die Thesen und Argumente eingeleitet und bekräftigt?

_____

_____

_____

_____

_____

_____

_____

_____

2a. *Würden die Personen aus Ihren Texten Fleisch und Wurst einkaufen? Warum (nicht)?*

_____

_____

_____

_____

_____

2b. *Welche der genannten Argumente sind für Sie neu? Welchen stimmen Sie zu? Welchen nicht? Ergänzen Sie Ihre eigene Tabelle aus Einheit 1. Wir kaufen ein.*

© Ernst Klett Sprachen GmbH, Stuttgart 2016 | www.klett-sprachen.de | Alle Rechte vorbehalten
Von dieser Druckvorlage ist die Vervielfältigung für den eigenen Unterricht gestattet.
ISBN 978-3-12-675267-1

Tiere essen?

3. *Hören Sie dem Vortrag der anderen Gruppe genau zu und machen Sie sich Notizen.*

- Welche Personen bzw. Institutionen kommen in den präsentierten Texten zu Wort?
- Welchen Standpunkt vertreten sie zum Thema ‚Tiere essen‘?
- Welche inhaltlichen Argumente bringen die Personen an? Mit welchen sprachlichen und formalen Mitteln werden diese formuliert?

	Vortrag 1	Vortrag 2
Wer spricht? **Über wen wird gesprochen?**		
Welchen Standpunkt vertreten sie zum Thema ‚Tiere essen‘?		
Argumente		
Sprachliche und formale Mittel		

© Ernst Klett Sprachen GmbH, Stuttgart 2016 | www.klett-sprachen.de | Alle Rechte vorbehalten
Von dieser Druckvorlage ist die Vervielfältigung für den eigenen Unterricht gestattet.
ISBN 978-3-12-675267-1

Tiere essen? (Sammlung 1)

Text 1: Interview mit einem Biologen „Der Mensch braucht Fleisch"

Katrin Heise führte mit dem Biologen Josef Reichholf ein Gespräch über den Zusammenhang von Ernährung und Evolution. Ohne Fleischverzehr hätte sich aus dem Affen kein Mensch entwickeln können, sagt der Biologe. Grund dafür sei vor allem der Protein-Bedarf des menschlichen Gehirns.

Katrin Heise: […] Schönen guten Tag, Herr Reichholf!

Josef H. Reichholf: Guten Tag!

Heise: Seit wann, Herr Reichholf, in der Entwicklung des Menschen verspeist er eigentlich Tiere?

Reichholf: Nun, das liegt so etwa fünf Millionen Jahre zurück und bezieht sich auf die Übergangszeit, in der sich die fernen Vorfahren unserer Stammeslinie, die zum Menschen geführt hat, von ihrer, wenn ich das so despektierlich sagen darf, äffischen Verwandtschaft getrennt haben. Unsere nächsten Verwandten, Schimpansen, Gorillas, bei denen ist es ganz ausgeprägt, und die Orang-Utans sind ja weitestgehend oder ausschließlich Pflanzenesser, also Vegetarier.

Heise: Das heißt genau an dem Punkt haben wir uns sozusagen getrennt. Warum eigentlich, was bietet der Fleischverzehr?

Reichholf: Ein sehr großes Gehirn. Unser Gehirn ist auf unsere Körpermasse bezogen etwa dreimal so groß wie das der Schimpansen oder Gorillas. Also die Vergrößerung des Gehirns ist etwas, was ja den Menschen zum Menschen gemacht hat, und dazu bedarf es Stoffe [Proteine und Fettsäuren], die dem Körper die Möglichkeit geben dieses übergroße Gehirn aufzubauen und zu betreiben. […]

Heise: In seiner Entwicklung brauchte der Mensch also Fleisch, also um das Hirn überhaupt erst mal auf diese Größe zu bringen, auch entwicklungsgeschichtlich. Der moderne Mensch, braucht der auch Fleisch oder braucht der eigentlich kein Fleisch mehr?

Reichholf: Also so eine Entweder-Oder-Situation ergibt sich nur ganz selten. Wenn wir die Menschheit als Ganzes betrachten, also nicht nur die westversorgten hoch zivilisierten Regionen wie unsere, dann ist es klar, dass der Mensch Fleisch braucht. Wir könnten uns theoretisch leisten, ausschließlich auf der Basis von pflanzlichen Proteinen unseren Proteinbedarf zu decken, aber es ist eine gefährliche Angelegenheit, weil die pflanzlichen Proteine der Menge nach in der Nahrung geringer vorhanden sind und in der Zusammensetzung auch nicht so automatisch das Ideal dessen liefern, was der Körper benötigt.

Deswegen kann es sein – und bei ausgeprägten Veganerinnen ist das ja auch immer wieder passiert –, dass sie dann nicht in der Lage sind Kinder zu bekommen. Der Körper kann dann nicht die nötigen Überschüsse an Proteinen ansammeln, die er braucht, um ein Baby zur Entwicklung zu bringen. Also wir sind bei wirklich gut ausgestatteter vegetarischer Nahrung an der Grenze des Möglichen und es muss sehr gut kontrolliert werden. Wenn man aber mit etwas zusätzlichem Fleischkonsum tierischer Herkunft, vor allen Dingen mit Fischfleisch sich ernährt, dann ist man auf der sicheren Seite. Was aber bedeutet, dass wir vom gegenwärtigen Fleischkonsum, von mehr als 80 Kilogramm pro Kopf im Jahr bei uns in Deutschland natürlich locker um zwei Drittel herunterkommen könnten und immer noch ein sehr gutes Leben führen würden. […]

(aus: Deutschlandradio Kultur, 2011)

© Ernst Klett Sprachen GmbH, Stuttgart 2016 | www.klett-sprachen.de | Alle Rechte vorbehalten
Von dieser Druckvorlage ist die Vervielfältigung für den eigenen Unterricht gestattet.
ISBN 978-3-12-675267-1

Tiere essen? (Sammlung 1)

Text 2: Beiträge aus einem Online-Diskussionsforum zum Thema Fleischkonsum

Braucht der menschliche Körper wirklich kein Fleisch?

Antwort von
Ronny 73
04.09.2015 –
17:06

Viele Leute, die kein Fleisch essen, leisten große Dinge und erreichen sowohl geistige als auch körperliche Höchstleistungen. Wenn das mal nicht Beweis genug ist, dass der Mensch kein Fleisch braucht.
Nur weil unsere Vorfahren Jäger waren, heißt das doch nicht, dass wir uns auch heute noch als solche verhalten müssen. Wir können uns ernähren, wie wir wollen. Das ist ein klarer Vorteil der menschlichen Spezies.

Antwort von
Eichhörn-
chen88
04.09.2015 –
20:23

Auf diese Frage wirst du 100 verschiedene Antworten erhalten!
Ein Vegetarier wird Dir sagen: nein, Fleisch brauchen wir nicht.
Ein Inder wird Dir sagen: nein, Rindfleisch brauchen wir nicht.
Von einem Moslem oder Juden wirst Du hören: nein, Schweinefleisch brauchen wir nicht. Also such Dir aus, was Dir am ehesten gefällt.
Ich schließe mich Ronny 73 an: wir sind und bleiben nun mal Allesfresser. Weshalb haben wir denn sonst bitteschön Eckzähne im Mund?! Nichts anderes als Reißzähne im Miniaturformat. Ob wir die wirklich noch brauchen, sei mal dahingestellt.

Antwort von
Veggieking
07.09.2015 –
10:37

Ich brauch keines!!! Und mir geht's bestens.

Meinung schreiben

© Ernst Klett Sprachen GmbH, Stuttgart 2016 | www.klett-sprachen.de | Alle Rechte vorbehalten
Von dieser Druckvorlage ist die Vervielfältigung für den eigenen Unterricht gestattet.
ISBN 978-3-12-675267-1

Tiere essen? (Sammlung 2)

Text 1: Interview mit einem Ethiker „Das Interesse der Schweine"

„Das Interesse der Schweine"
Der Salzburger Ethiker Helmut F. Kaplan über das Quälen und Töten von Tieren
Kaplan, 58, ist Autor des Buchs „Ich esse meine Freunde nicht".

SPIEGEL: Sie lehnen das Töten von Tieren kategorisch ab. Wann haben Sie zuletzt Fleisch gegessen?

Kaplan: Vor 47 Jahren. Ich war elf Jahre alt. Mich haben die Schweinehälften in den Läden abgestoßen. Später erst las ich, dass ich in meinem Leben 6 Schafen, 8 Kühen, 25 Kaninchen, 33 Schweinen, 390 Fischen und 720 Hühnern das Leben retten würde.

SPIEGEL: Bitte?

Kaplan: So viele Tiere isst der Durchschnittseuropäer in seinem Leben. [...]

SPIEGEL: Ihre grundlegende These lautet: Menschen dürfen Tiere nicht diskriminieren, quälen oder gar töten. Sie stellen Tiere auf eine Stufe mit Menschen, zumindest was deren Leidensfähigkeit betrifft. Woher wissen Sie, wie Tiere behandelt werden möchten?

Kaplan: [...] Machen Sie sich bitte klar: Gleicher Schmerz ist gleich schlecht, egal ob er von Weißen, Schwarzen, Frauen oder Tieren erlebt wird. Tiere sind leidensfähig. Das ist wissenschaftlich unbestritten.

SPIEGEL: Ihre Gleichsetzerei führt in die Irre. Hunde reflektieren nicht über sich selbst. [...]

Kaplan: Ich setze Mensch und Tier keineswegs gleich. Schweine haben beispielsweise kein Interesse, ihre Religion frei zu wählen. Aber sie haben ein Interesse, nicht gequält zu werden. Die Menschen irren, wenn sie bei moralisch relevanten Eigenschaften eine scharfe Trennlinie zwischen Mensch und Tier ziehen. Auch Tiere haben Bewusstsein, Selbstbewusstsein, Rationalität und Autonomie. [...]

SPIEGEL: Haben Tiere in Biobetrieben nicht ein besseres Leben als in freier Wildbahn? Vernünftig ernährt, ohne die Gefahr, von stärkeren Tieren erlegt und gefressen zu werden?

Kaplan: Wollen Sie im Ernst über ein Prozent der Realität reden? Und: Auch Tiere in Freilandbetrieben werden nach einem Bruchteil ihrer natürlichen Lebensspanne umgebracht.

SPIEGEL: In Indien fegen Anhänger des Janaismus Fliesen, um nicht versehentlich Käfer totzutreten. Verkehrt sich der Respekt vor Tieren da nicht ins Absurde?

Kaplan: Je weniger Leiden, desto besser.

SPIEGEL: Wenn Sie das Töten von Insekten konsequent verhindern wollen, können Sie wegen der Abermillionen toten Viecher auf den Windschutzscheiben der Lkw die gesamte Güterproduktion einstellen.

Kaplan: Ethische Ideale werden nicht dadurch unsinnig, dass sie nicht vollständig verwirklicht werden können.

(aus: SPIEGEL 3/2011)

© Ernst Klett Sprachen GmbH, Stuttgart 2016 | www.klett-sprachen.de | Alle Rechte vorbehalten
Von dieser Druckvorlage ist die Vervielfältigung für den eigenen Unterricht gestattet.
ISBN 978-3-12-675267-1

Tiere essen? (Sammlung 2)

Text 2: Grafiken zum Fleischkonsum

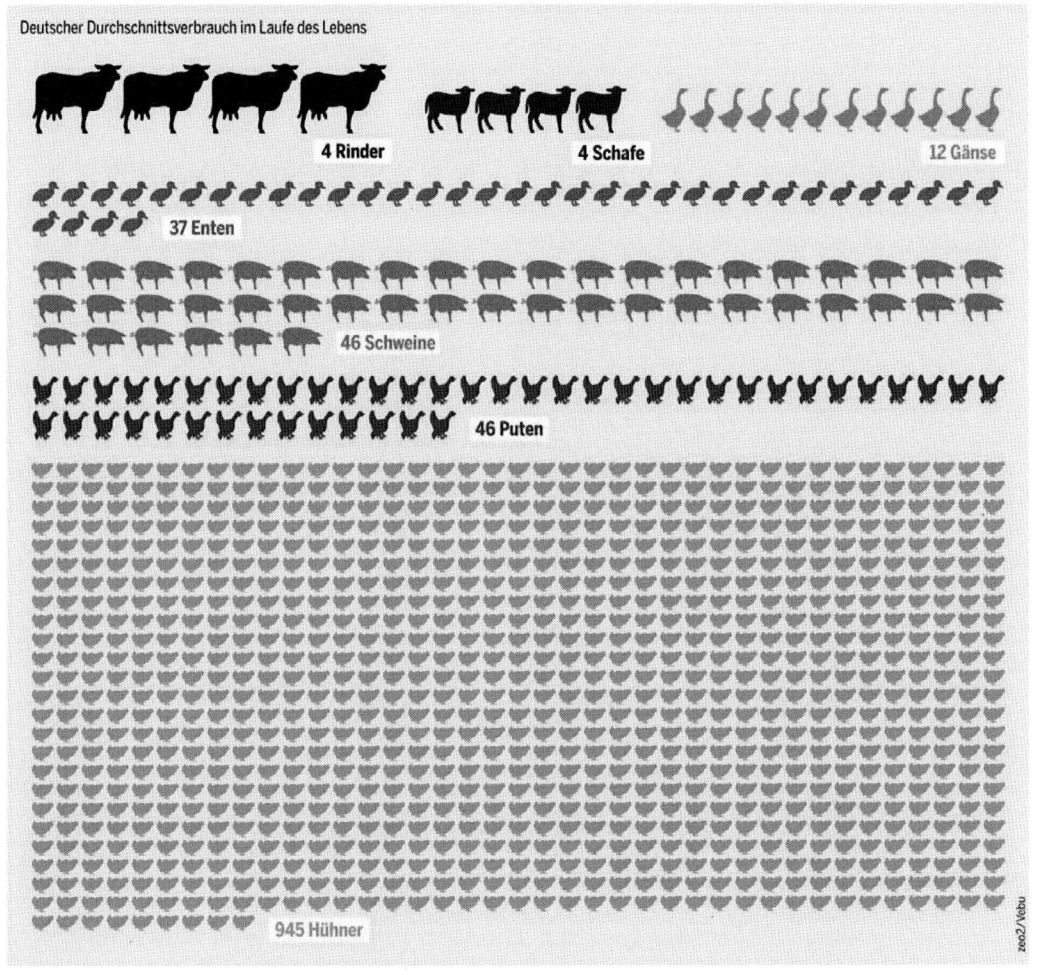

(Fleischatlas 2013, Heinrich-Böll-Stiftung e.V.)

Grafik 1: Deutscher Durchschnittsverbrauch im Laufe des Lebens

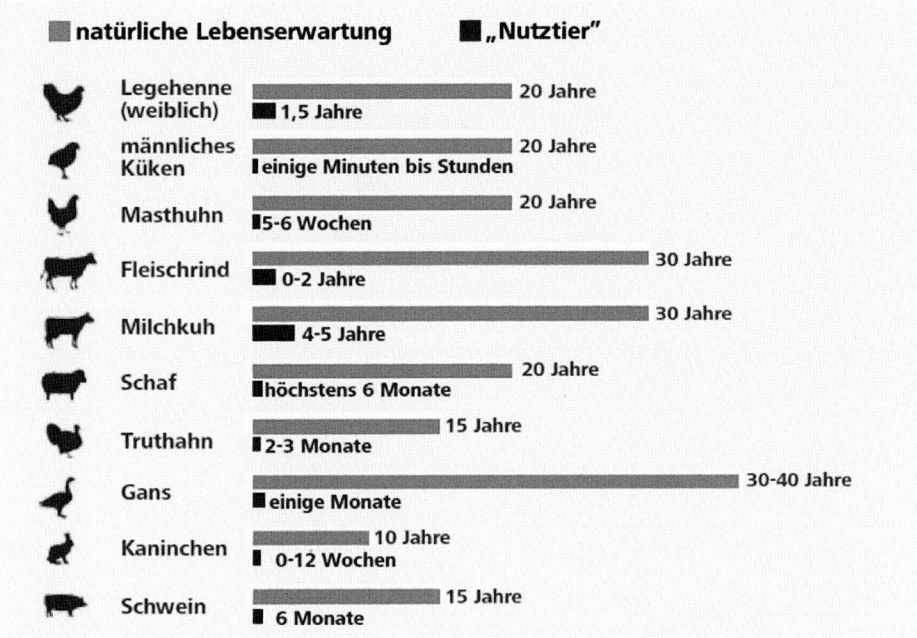

(VEBU, Veggie Times Nr. 5/2012)

Grafik 2: Vergleich der natürlichen Lebenserwartung von Tieren mit ihrer Lebensdauer als Nutztier

© Ernst Klett Sprachen GmbH, Stuttgart 2016 | www.klett-sprachen.de | Alle Rechte vorbehalten
Von dieser Druckvorlage ist die Vervielfältigung für den eigenen Unterricht gestattet.
ISBN 978-3-12-675267-1

Tiere essen? (Sammlung 3)

Text 1: Interview „Öko-Verband fordert Systemwandel in der Landwirtschaft"

Katrin Heise führte mit dem Ökobauern Felix Prinz zu Löwenstein ein Gespräch über den Ausstieg aus der Massentierhaltung.

Löwenstein: Es ist ganz sicher nicht denkbar, dass wir aus diesem System aussteigen, wenn wir dabei bleiben, uns so zu ernähren, wie wir das tun. Aber es ist ja nicht so, als ob es einen Verzicht bedeuten würde, zu einer vernünftigen Ernährung zu kommen. Es ist ja ein Aufstieg an Qualität, der dann stattfindet, wenn wir nicht so viel Fleisch und dafür sehr viel Besseres essen. Und der zweite Punkt ist der: Wir trimmen ja unsere intensive Massentierhaltung auch auf Export. Wir sind [z. B.] bei Schweinen 20 Prozent über der Eigenversorgung. [...] Das Ganze geht ja nur, weil wir in großem Maß Futtermittel aus Ländern der Dritten Welt importieren – das ist ja ein völlig abartiges System.

Heise: Sie haben jetzt die beiden Bereiche, nämlich die Verbraucher angesprochen, wo sich was verändern muss, aber eben auch noch mal bei den Produzenten, also bei den Landwirten, was sich da verändern muss [...]. Da würde ich gern noch einen Moment bleiben. [...] Eine andere Tierhaltung bedeutet ja auch eine andere Nutzung der Landfläche, nehme ich mal an, also da konkurrieren doch dann ganz schnell die Weideflächen mit der benötigten Fläche für den Ackerbau. Ist das ein Problem oder würde das ein Problem werden bei Abschaffung der Massentierhaltung?

Löwenstein: Nein. Also bis auf wenige Ausnahmen sind ja Weideflächen Flächen, auf denen aus gutem Grund Grünland ist, weil es eben dort nicht zu ackern geht. Und eines der Probleme ist, dass wir Wiederkäuer mit Getreide vollstopfen, was eigentlich physiologisch gar nicht zu ihnen passt und dann da wiederum zu Krankheitsproblemen führt [...]. Wir dürfen nicht in dem Maß Flächen, wo Nahrung für den Menschen direkt ranwachsen kann, dafür nehmen, um Tiere zu ernähren, weil sonst kriegen wir dieses Welternährungsproblem ganz sicher nicht in den Griff. [...]

Heise: Kommen wir dann jetzt doch mal zu dem Mentalitätswechsel, der beim Verbraucher notwendig ist. Wie kann der oder wie wird der geschehen Ihrer Meinung nach?

Löwenstein: Ja, es gibt zwei Seiten, von denen das kommen kann: Das eine ist die Bewusstseinsänderung bei den Menschen, [...] die hat [...] zu tun damit, dass die Menschen wahrnehmen, wie die Welt sich entwickelt und welche Probleme die Globalisierung mit sich bringt, all diese Dinge. [...]

Wir haben doch heute die Situation, dass wir das billige Fleisch in den Regalen nur deswegen so billig haben, weil die Kosten, die damit eigentlich verbunden sind, sich gar nicht im Fleischpreis wiederfinden. [...] wenn wir es schaffen, dass wir das Exportieren von Kosten auf die Natur, die Umwelt und künftige Generationen beenden, dann haben wir es erreicht.

Heise: Das heißt aber wieder, es ist ein politisches Umdenken notwendig, um eben diesen Bewusstseinswandel anzustoßen oder weiter voranzutreiben?

Löwenstein: Genau so ist es. [...] es geht um einen Systemwandel. [...]

(aus: Deutschlandradio Kultur, 2011)

© Ernst Klett Sprachen GmbH, Stuttgart 2016 | www.klett-sprachen.de | Alle Rechte vorbehalten
Von dieser Druckvorlage ist die Vervielfältigung für den eigenen Unterricht gestattet.
ISBN 978-3-12-675267-1

Tiere essen? (Sammlung 3)

Text 2: Fotos und Plakate zum Thema „Massentierhaltung"

(DIE.PROJEKTOREN)

Bild 1: Demonstration gegen Massentierhaltung

(Klima-Allianz Deutschland)

Bild 2: Massentierhaltung und Klimawandel

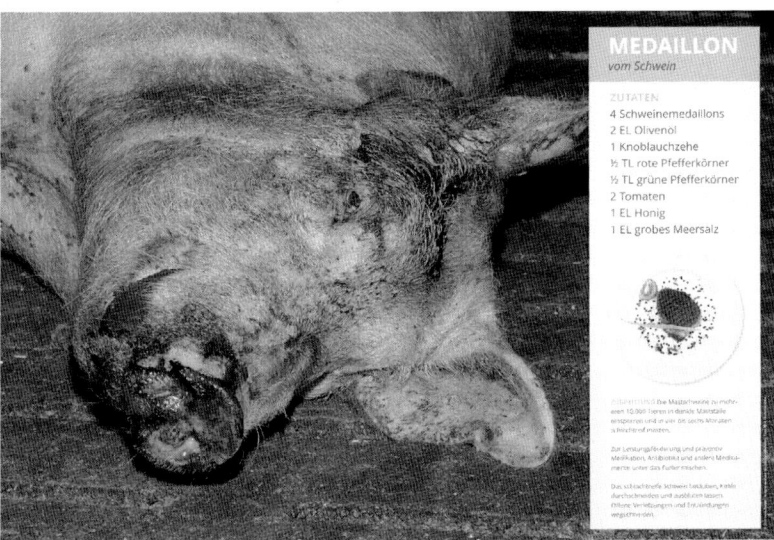

(SPIEGEL ONLINE Fotostrecke
„Rezepte und ihre Tiere, 2013)

Bild 3: Medaillon vom Schwein

© Ernst Klett Sprachen GmbH, Stuttgart 2016 | www.klett-sprachen.de | Alle Rechte vorbehalten
Von dieser Druckvorlage ist die Vervielfältigung für den eigenen Unterricht gestattet.
ISBN 978-3-12-675267-1

5. Fakten?

45 min

Lernziele:

- kann Formen und Praktiken der Bedeutungsproduktion in der Fremdsprache (Grafiken, Statistiken) erkennen
- kann Diskurspluralität und alternative Diskurspositionen (an)erkennen

Materialien:

KV 38 und 39, Grafiken in Farbe (Dazu Klett-Online-Code **dw8g39k** auf www.klett-sprachen.de eingeben.)

Didaktischer Kommentar und mögliche Lösungen:

In dieser Einheit steht die reflektierende Auseinandersetzung mit Grafiken im Mittelpunkt. TN durchschauen in dieser Aufgabe, wie Praktiken der Bedeutungsproduktion funktionieren, indem sie sich mit unterschiedlichen Infografiken zu einem Thema beschäftigen. Die TN sollen dabei auch darin geschult werden, Widersprüche im Diskurs (ein Merkmal von Diskurspluralität) anzuerkennen. Wirklichkeit wird in jeder Art von Text gesetzt. Letztlich ist jede Aussage, die von jemandem verstanden wird, ein klitzekleiner Teil konstruierter Wirklichkeit. In dieser Einheit werden gezielt Grafiken als Textsorte fokussiert, weil diese im Alltagsverständnis am ehesten als ‚objektiv' und deren Inhalte als ‚Fakten' gelten. Das Aufzeigen von ‚widersprüchlichen Faktenlagen' scheint also deshalb sinnvoll, um zu der Einsicht beizutragen, dass ‚Fakten' und damit auch ‚Wirklichkeit' nicht an sich existieren. ‚Fakten' sind abhängig von Zeiten und Orten. Sie sind aber auch abhängig von den Werten, Interessen und Perspektiven derjenigen, die Fakten (hier in Grafiken) setzen bzw. gebrauchen, um für oder gegen bestimmte Thesen zu argumentieren. Dabei sollen nicht Grafikbeschreibungen als solche (vgl. dazu etwa: *Klipp und Klar – Übungsgrammatik Mittelstufe B2/C1*, S.199–203) thematisiert werden, sondern v.a. reflektiert werden, wie Grafiken Wirklichkeit konstruieren. Dies soll besonders durch die Reflexion von ‚Widersprüchen' in Grafiken oder deren Gebrauch geschehen, weil diese den ‚Konstruktcharakter von Wirklichkeit' deutlich machen.

1. In Aufgabe 1 werden Grafiken mit ein und demselben Sachverhalt behandelt, die ‚unterschiedliche' und insofern ‚divergierende' Angaben bei Zahlenwerten aufweisen. Die TN reflektieren, wie es zu diesen unterschiedlichen Angaben kommt. Mögliche Antworten: Rückgriff auf unterschiedliche Quellen / wissenschaftliche Studien, unterschiedliche Zeitpunkte der Erhebung etc., die jedoch oft nicht angegeben werden, wie in den Beispielen hier. Die TN gelangen bestmöglich zu der Einsicht, dass ‚Fakten' ‚gemacht' werden und auch ‚Fakten' also niemals immer und überall gelten.

In der anschließenden Reflexion sollte es nun nicht darum gehen, nach vermeintlich ‚richtigen' Fakten zu suchen, sondern Resultat des Plenumsgesprächs sollte sein, dass beim Faktenschaffen auf unterschiedliche Quellen / wissenschaftliche Studien zurückgegriffen wird, unterschiedliche Zeitpunkte der Erhebung eine Rolle spielen und dass Fakten perspektivenabhängig sind und niemals immer und überall gelten.

Fakten?

1a. Sehen Sie sich die vier Grafiken zum Fleischverzehr in Deutschland an. Worum geht es in den Grafiken 1 und 2 sowie in den Grafiken 3 und 4 jeweils?

Grafik 1 und 2: _____

Grafik 3 und 4: _____

1b. Was sagen die Zahlen? Wie viel Fleisch wird in Deutschland verzehrt? Vergleichen Sie die Zahlenangaben der Grafiken 1 und 2 sowie der Grafiken 3 und 4:

- Sind die Angaben zum Pro-Kopf-Verzehr von Fleisch in Deutschland identisch?
- Sind die Zahlen der jeweils verspeisten Tiere pro Bundesbürger identisch?
- Wo gibt es Unterschiede? Wie erklären Sie sich diese Unterschiede?

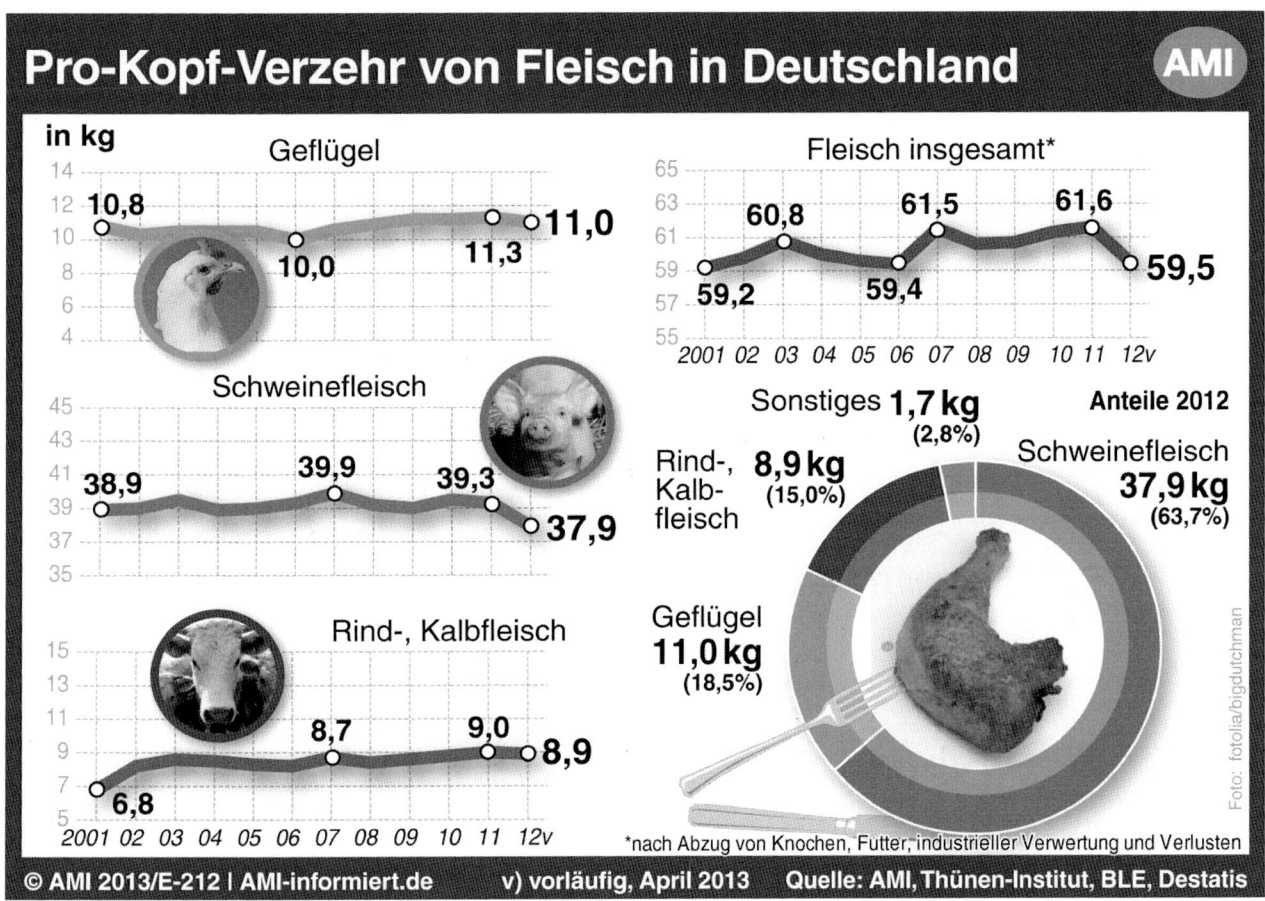

Grafik 1: Pro-Kopf-Verzehr von Fleisch in Deutschland

© Ernst Klett Sprachen GmbH, Stuttgart 2016 | www.klett-sprachen.de | Alle Rechte vorbehalten
Von dieser Druckvorlage ist die Vervielfältigung für den eigenen Unterricht gestattet.
ISBN 978-3-12-675267-1

Fakten?

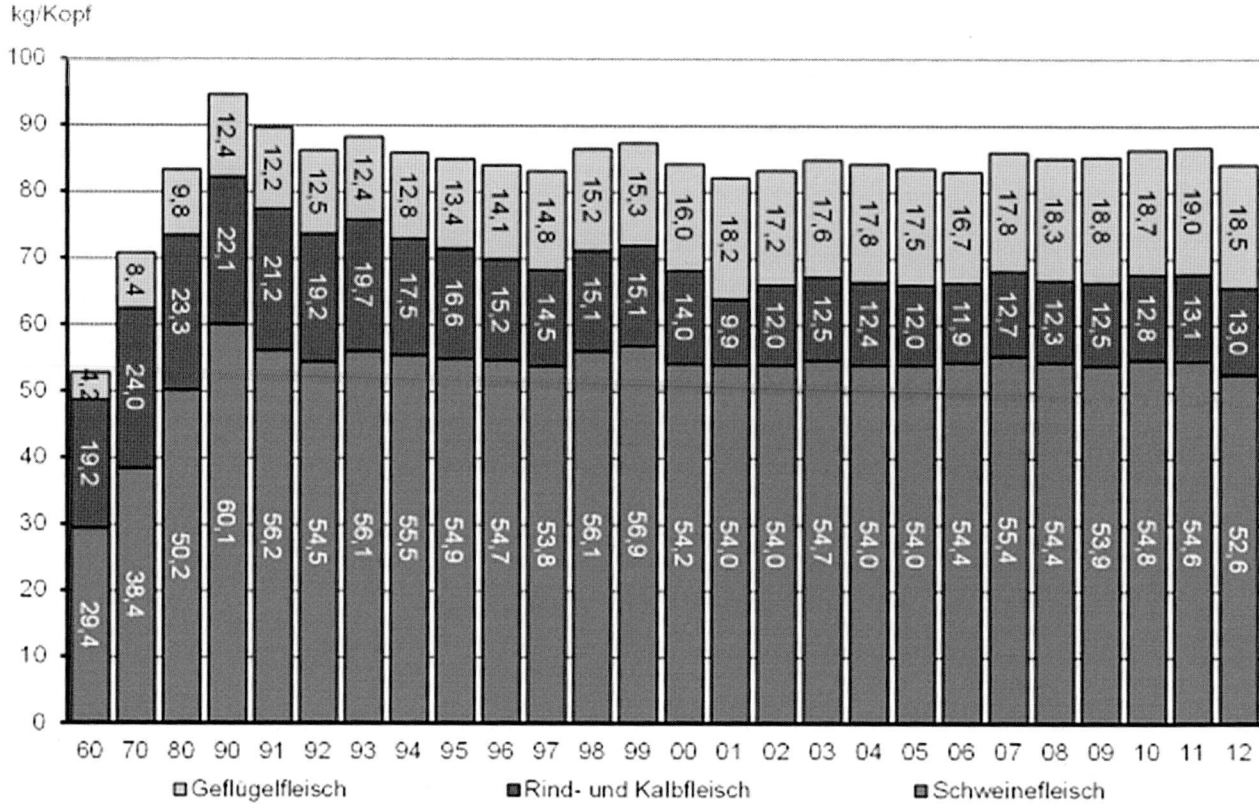

Grafik 2: Pro-Kopf-Verzehr nach Fleischarten

(Quelle: Institut für Ernährungswirtschaft und Märkte)

Grafik 3: Fleischverzehr   (Quelle: Vegetarierbund)

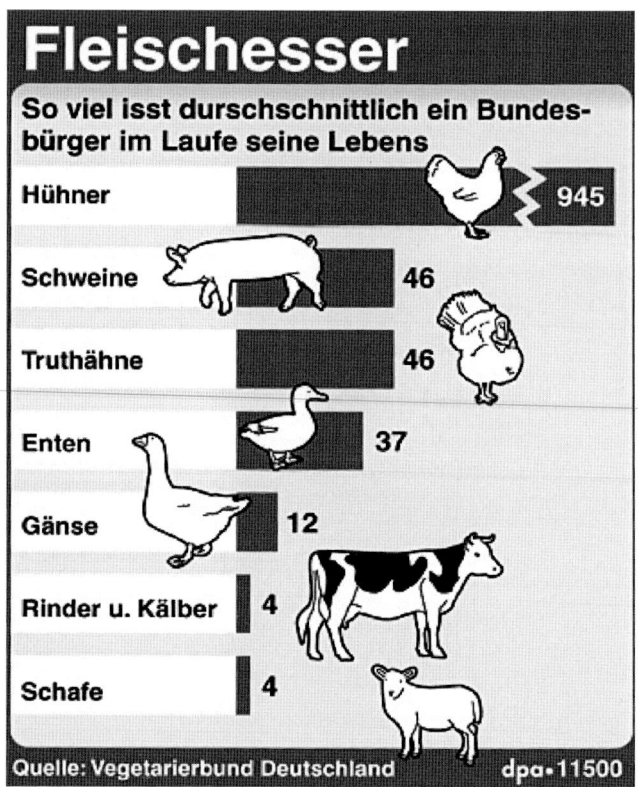

Grafik 4: Fleischesser   (Quelle: Vegetarierbund)

© Ernst Klett Sprachen GmbH, Stuttgart 2016 | www.klett-sprachen.de | Alle Rechte vorbehalten
Von dieser Druckvorlage ist die Vervielfältigung für den eigenen Unterricht gestattet.
ISBN 978-3-12-675267-1

6. Wurst und Wahn

Lernziele:

- kann Formen und Praktiken der Bedeutungsproduktion in der Fremdsprache (literarischer Text) erkennen

90 min

Materialien:

KV 40–43, Hörtexte (alternativ kann der Text auch gehört werden; Link zum Hörtext auf www.klett-sprachen.de; Online-Code **dw8g39k** eingeben)

Didaktischer Kommentar und mögliche Lösungen:

1a. Beim ersten Lesen, das sich auch als vorbereitende Hausaufgabe anbietet, machen sich die TN zunächst grob mit dem Text vertraut. Das globale Textverstehen steht also im Mittelpunkt. Die Frage, worum es in dem Text geht, ist natürlich schon eine erste Interpretation. Versuchen Sie als Lehrperson diese ersten Eindrücke aber noch nicht groß zu hinterfragen, sondern sammeln Sie erst einmal die einzelnen Äußerungen. Diese können von „Es geht um Wurst" bis hin zu „Diskriminierung und Unterdrückung" reichen. Im Zusammenhang mit den Texten der vorhergehenden Einheiten kann es auch sein, dass einige TN darauf aufmerksam werden, dass dieser Text mit den Kategorien und Themen der anderen Texte (ironisch) spielt bzw. diese aus einer ganz anderen Perspektive darstellt. (Nicht mehr der Vegetarier/Veganer ist die Ausnahme, sondern der Fleischesser wird zum Sonderfall).

1b. Bei dieser Aufgabe ordnen die TN einzelne Abschnitte vorgefertigten Überschriften zu. Auch diese Aufgabe dient dem globalen Textverstehen. Stellen Sie sicher, dass die TN die Vokabeln der einzelnen Überschriften verstanden haben. Wo genau ein Abschnitt beginnt und endet, ist dabei nicht immer eindeutig zu klären und auch im Sinne der Aufgabe nicht unbedingt notwendig. Mögliche Lösungen im Anhang.

1c. Bei dieser Aufgabe steht das selektive Leseverstehen im Mittelpunkt. Die TN sollen bei jedem Satz entscheiden, welche Aussage passt und die falschen Aussagen streichen. Die richtige Lösung lautet:

Der Ich-Erzähler hat sich das erste Mal gewundert, als die Fleischerei Hess geschlossen wurde. Diese Irritation verursacht, dass er sich seines Standpunktes zu Fleisch bewusst wird: Er isst gerne Fleisch. Heute ist der Ich-Erzähler Vegetarier, obwohl er gerne Fleisch ist. Er beschreibt sich als Mensch, der sich gern anpasst.

1d. Die TN tragen nun in die Tabelle ein, wie „die Welt" *vorher* war und wie sie *jetzt* ist. Dabei wird auch noch einmal deutlich, dass es sich bei dem Textabschnitt um ein fiktives Szenario handelt. Mögliche Antworten könnten sein:

Welt vorher	Welt jetzt
Was hat man gemacht? ■ Man hat regelmäßig Fleisch gegessen	Was macht man jetzt? ■ Fleisch essen ist jetzt illegal und man isst nur noch vegetarisch/vegan
Welchen Laden gab es vorher in der Allee? ■ Fleischerei Hess	Welche Läden gibt es jetzt? ■ Biomärkten, Gemüseläden

Was wurde früher in den Läden im Viertel verkauft?	Was wird in den Läden im Viertel verkauft?
■ Es wurde auch Fleisch und Wurst verkauft	■ Nur noch Bio-Produkte, Gemüse, selbstgepresste Säfte
Wie wird die Situation vom Erzähler beschrieben?	Wie wird die Situation vom Erzähler beschrieben?
■ Glücklich und positiv	■ Erdrückend und negativ

2a. In dieser Aufgabe stellen die TN den Zusammenhang zu den anderen Textbeispielen und zum gesamten Diskurs her. Verschiedene Standpunkte und Thesen kennen die TN bereits und können nun schauen, wie diese in dem literarischen Text verarbeitet werden. Achten Sie darauf, dass die TN die gefundenen Perspektiven, Argumente, Muster (z. B. Lebensweise, Ökologie, Mode, Geschmack etc.) immer durch entsprechende Textstellen belegen. Nur so kann der Fokus auf die besondere Form der Darstellungen (Ironie, Hyperbel) deutlich werden. Mögliche Lösungen im Anhang.

2b. In der folgenden Aufgabe diskutieren die TN in Gruppen ausgewählte Textstellen. Dabei sammeln sie zunächst Assoziationen und tauschen sich anschließend darüber aus. Im Plenum werden die Ergebnisse der Diskussionen vorgestellt und so auch ein Austausch zwischen den einzelnen Gruppen ermöglicht.

Die Assoziationen sind natürlich subjektiv und können sehr stark von den persönlichen Eindrücken und Erfahrungen der TN geprägt sein. Mögliche Assoziationen für das Gespräch könnten sein:

„Umzingelt von Biomärkten, Gemüseläden und Läden mit selbst gepressten Säften und fair gehandelten Kaffeegetränken konnte Hess nicht mehr existieren."
(Umzingeln ist eher eine Vokabel aus dem militärischen Jargon. Dies erweckt hier den Eindruck, dass der Fleischer nach und nach eingekesselt wurde und es sich um eine Art der Kriegsführung handelt.)

„[…] im Supermarkt richteten sie einen abgetrennten Bereich für den Fleischverkauf ein, den nur Erwachsene betreten durften."
(abgetrennte Bereiche für Erwachsene kennt man z. B. aus Videotheken und sie sollen verhindern, dass Minderjährige mit bestimmten Inhalten konfrontiert werden. Die Assoziation könnte sein, dass Fleisch etwas ist, das man Kindern nicht zumuten darf.)

„Entspannt konnte man Fleisch nur noch im schlimmen Viertel unserer Stadt kaufen."
(Hier fällt der Gegensatz zwischen ‚entspannt' und ‚schlimm' auf. Der Widerspruch unterstreicht die Absurdität der beschriebenen Situation.)

„Warum ich damals Vegetarier geworden bin, kann ich heute nur noch rekonstruieren, nicht mehr verstehen."
(Hier wird durch die Gegenüberstellung von „nur noch rekonstruieren" und „nicht verstehen" deutlich, dass der Erzähler gar nicht mehr weiß, wie es eigentlich dazu gekommen ist. Sie unterstreicht somit seine eigene Unentschlossenheit.)

2c. Die letzte Aufgabe lässt nun Raum für Interpretationen der TN. Versuchen Sie darauf zu achten, dass die TN ihre Interpretationen durch Textstellen belegen bzw. Argumente anbringen, warum sie den Titel in dieser oder jener Form deuten. Dadurch soll deutlich werden, dass Interpretationen sicher subjektiv, aber nicht willkürlich sind. Nutzen Sie dafür auch die vorhergehenden Aufgaben und Notizen zu Kategorien und den entsprechenden Textstellen.

Wurst und Wahn?

Jakob Hein: Wurst und Wahn. Ein Geständnis.

Warum ich damals Vegetarier geworden bin, kann ich heute nur noch rekonstruieren, nicht mehr verstehen, Herr Kommissar. Ein paar Jahre vorher war es noch ganz harmlos mit ein paar Filmen und Büchern losgegangen. Die Filme liefen spät nachts, und die Bücher hat kaum jemand gelesen. Die Zeitungen griffen das Thema auf, es gab Berichte und Interviews. Zunächst ging ich davon aus, dass es bald ein anderes Modethema geben würde und alle bald wieder Fleisch essen würden wie vorher. Aber es kam leider anders. Eines Tages aß fast niemand mehr Fleisch. Die Zeiten hatten sich geändert. Die Leute rauchten jetzt auch nicht mehr und tranken immerzu koffeinhaltige Getränke. Ob sie noch Sex hatten, wage ich nicht zu beurteilen. Alles war freudlos und grau. Ständig wurde über die Spuren gesprochen, die man auf dem Planeten hinterlassen würde. Nicht einmal mehr das kleine Vergnügen einer Wochenendreise nach London oder einer nächtlichen Spritztour auf der Autobahn wurde einem gegönnt.

Ich meine, leichte Verachtung in Ihrem Blick zu erkennen, Herr Kommissar. Sicher sind Sie nicht gleich bei jeder Mode dabei und kennen auch das Gefühl beim Schwimmen, wenn Ihnen das Wasser des Flusses entgegenfließt. Ich meine, Sie sind Polizist geworden, das ist ja nicht gerade ein populärer Beruf. Aber ich bin da anders. Es war mir immer wichtig gewesen, nicht aus der Reihe zu tanzen, dabei zu sein. Als die Schlaghosen aus der Mode kamen, begann ich eben Karottenhosen zu tragen. Mit diesen freundete ich mich rasch an, weil sie einen hohen Tragekomfort mit einer großen Gnade gegenüber dem Körper des Trägers verbanden. Ich beschloss sogar, nie wieder etwas anderes zu tragen, und erklärte Karottenhosen zu meinem Stil. Doch schon die nächste Verkäuferin in einem Jeansshop hob diesen Beschluss mit einem indignierten Heben der linken Augenbraue wieder auf. Bald gab es keine Karottenhosen mehr zu kaufen und ich quälte mich wie alle anderen in Röhrenhosen und kämpfte allmorgendlich mit den drei Metallknöpfen.

Als die Fleischerei Hess zumachte, habe ich mich das erste Mal ernsthaft gewundert. Seit Jahrzehnten hatte Hess seinen Laden bei uns auf der Allee. Hinter der Glasvitrine standen wohlgenährte Frauen mit blassrosa Blutflecken auf den weißen Kittelschürzen, da, wo sie sich die Hände nach jedem Kunden kurz abwischten. Hess war eine Institution bei uns im Viertel, die Allee war ohne den Laden praktisch nicht denkbar, und dann war er zu. Umzingelt von Biomärkten, Gemüseläden und Läden mit selbst gepressten Säften und fair gehandelten Kaffeegetränken konnte Hess nicht mehr existieren. Ein paar Wochen stand der Laden leer, dann zog ein Wellness-Tempel ein. Das machte das Ende endgültig. Plötzlich gab es keinen Fleischer mehr bei uns.

Aber es war nicht nur das. Es gab im ganzen Viertel überhaupt kein Fleisch mehr. Die Restaurants hatten alle auf vegetarisch umgestellt, die letzten Imbisse verkauften Falafel und mit Käse oder Hummus beschmierte Brote, im Supermarkt richteten sie einen abgetrennten Bereich für den Fleischverkauf ein, den nur Erwachsene betreten durften. Ich fragte den Verkäufer, was denn passiert sei.

© Ernst Klett Sprachen GmbH, Stuttgart 2016 | www.klett-sprachen.de | Alle Rechte vorbehalten
Von dieser Druckvorlage ist die Vervielfältigung für den eigenen Unterricht gestattet.
ISBN 978-3-12-675267-1

Wurst und Wahn?

»Neue Vorschriften«, erklärte er achselzuckend. »Der Anblick von toten Tieren darf Minderjährigen und Vegetariern nicht mehr zugemutet werden. Aber es traut sich ohnehin keiner mehr, so was zu kaufen, und mit diesen abgetrennten Verkaufsbereichen wird es bestimmt nur noch schlimmer, da traut sich doch kaum noch jemand rein. Fleisch verkaufen wir praktisch nur noch als Tierfutter. Eigentlich schade drum.«

Hätten Sie mich vor dieser Zeit gefragt, ob ich gern Fleisch esse oder nicht, ich hätte es Ihnen nicht sagen können, so wie ich Ihnen nicht sagen kann, ob ich gern atme oder nicht. Beides war für mich eine Selbstverständlichkeit, etwas, das ich täglich mehrmals tat und nie hinterfragte. Ich weiß seitdem, dass ich gern Fleisch esse. Wurst, Buletten, Schnitzel, Koteletts, Filets, Gehacktes, Geschnetzeltes und Geselchtes, Muskelfleisch und Innereien – alles schmeckt mir. Ich habe es gern, wenn der Geruch von Bratenfett schwer in der Wohnung liegt, weil ein Stück Kurzbratfleisch in der Pfanne liegt, ich schwärme für den Duft von Schweinebraten aus der heißen Backröhre.

Ich habe Kindheitserinnerungen daran, dass mein Vater alle paar Wochen samstags saure Nierchen machte. Den ganzen Freitag über wässerte er die Nieren und schmorte sie in Vorfreude pfeifend am nächsten Tag mit Zwiebeln und saurer Sahne. Dazu machte er Salzkartoffeln und Krautsalat. Obwohl an diesen Tagen ein strenger Uringeruch in der Wohnung lag, ist meine Erinnerung daran schön und sonnig.

Nein, ich musste mir da nichts vormachen: Ich aß gern Fleisch.

Es begann eine anstrengende Zeit. In unserer Gegend gab es frei verfügbares Fleisch überhaupt nur noch im Imbiss auf dem Mittelstreifen, der im Volksmund schon immer liebevoll *Die Fettluke* hieß. Weil im Rahmen der Ausnahmeregelung für Kleinunternehmer Ein-Personen-Betriebe ja von strengsten Auflagen befreit sind, aber das muss ich Ihnen nicht erklären, Herr Kommissar. Wenn ich da stand und im Abgasgeruch der vorbeifahrenden Autos meine Currywurst aß, fühlte ich mich wie ein Tier im Zoo, ausgestellt auf einer künstlich errichteten Insel den Blicken der Besucher ausgeliefert. Während der Rotphase starrten mich die Fußgänger ausdruckslos an, duften sie überqueren, schauten sie kaum zu mir herüber, bei dem einen oder anderen schien ich ein angedeutetes Kopfschütteln zu erkennen. Ich konnte mir da nichts vormachen: Fleisch essen hieß nun definitiv gegen den Strom zu schwimmen.

Der Verkäufer im Supermarkt hatte recht behalten, praktisch niemand traute sich in den separaten Fleischverkaufsbereich. Entspannt konnte man Fleisch nur noch im schlimmen Viertel unserer Stadt kaufen. Hier gab es sie noch: die Grillteller in den Restaurants, das Lamm vom Rost, die mit Hackfleisch gefüllten Blätterteigstücke beim Bäcker, das Formfleisch am Spieß. Allerdings lungerten da überall mediterran aussehende Gestalten herum: Kopftuchmädchen, Drogendealer, Wasserpfeifenraucher, Klappmesserschwinger. So gern ich mir dort ein paar Scheiben Lamm geholt hätte, waren mir die Ausflüge in diese brandgefährliche Zone doch zu riskant, denn man wusste nie, ob man dort Fleisch vom Spieß bekommen oder als Fleisch auf dem Spieß enden würde.

Wer Fleisch kaufen wollte, hatte also nur die Wahl zwischen sozialem und tatsächlichem Harakiri. So weit war es gekommen.

(aus: Hein 2011)

© Ernst Klett Sprachen GmbH, Stuttgart 2016 | www.klett-sprachen.de | Alle Rechte vorbehalten
Von dieser Druckvorlage ist die Vervielfältigung für den eigenen Unterricht gestattet.
ISBN 978-3-12-675267-1

Wurst und Wahn?

1a. Lesen Sie den Auszug aus „Wurst und Wahn. Ein Geständnis" von Jakob Hein. Worum geht es in diesem Textabschnitt?

1b. Ordnen Sie die Überschriften den passenden Textteilen zu.

- Die Geschichte der Fleischerei Hess
- Ich habe mich schon immer gern angepasst
- Wie ich mir darüber bewusst wurde, dass ich gerne Fleisch esse
- Eine Randerscheinung wird durch die Medien entdeckt
- Fleischverkauf und -verzehr werden diskriminiert
- Neue Regeln beim Verkauf von Lebensmitteln

1c. Streichen Sie die falschen Angaben in den Sätzen.

Der Ich-Erzähler hat sich das erste Mal gewundert, als die Fleischerei Hess geöffnet / geschlossen wurde. Diese Irritation verursacht, dass er sich seines Standpunktes zu Fleisch / Gemüse bewusst wird: Er isst gerne / nicht gerne Fleisch. Heute ist der Ich-Erzähler Fleischesser / Vegetarier, obwohl / weil er gerne Fleisch ist. Er beschreibt sich als Mensch, der sich nicht gerne / gern anpasst.

1d. Wie beschreibt der Ich-Erzähler die Welt früher und die Welt jetzt? Ergänzen Sie die Tabelle.

Welt vorher	Welt jetzt
Was hat man gemacht?	Was macht man jetzt?
Welchen Laden gab es vorher in der Allee?	Welche Läden gibt es jetzt?
Was wurde früher in den Läden im Viertel verkauft?	Was wird in den Läden im Viertel verkauft?
Wie wird die Situation beschrieben?	Wie wird die Situation beschrieben?

© Ernst Klett Sprachen GmbH, Stuttgart 2016 | www.klett-sprachen.de | Alle Rechte vorbehalten
Von dieser Druckvorlage ist die Vervielfältigung für den eigenen Unterricht gestattet.
ISBN 978-3-12-675267-1

Wurst und Wahn?

2a. Welche Perspektiven, Argumente, Muster aus anderen Texten des Moduls Essen *finden Sie wieder? Markieren Sie die entsprechenden Stellen im Text.*

2b. Lesen Sie noch einmal folgende Textstellen. Welche Assoziationen haben Sie? Diskutieren Sie in der Gruppe.

„Umzingelt von Biomärkten, Gemüseläden und Läden mit selbst gepressten Säften und fair gehandelten Kaffeegetränken konnte Hess nicht mehr existieren."

„[…] im Supermarkt richteten sie einen abgetrennten Bereich für den Fleischverkauf ein, den nur Erwachsene betreten durften."

„Entspannt konnte man Fleisch nur noch im schlimmen Viertel unserer Stadt kaufen."

„Warum ich damals Vegetarier geworden bin, kann ich heute nur noch rekonstruieren, nicht mehr verstehen."

2c. Wie verstehen Sie jetzt den Titel „Wurst und Wahn"?

© Ernst Klett Sprachen GmbH, Stuttgart 2016 | www.klett-sprachen.de | Alle Rechte vorbehalten
Von dieser Druckvorlage ist die Vervielfältigung für den eigenen Unterricht gestattet.
ISBN 978-3-12-675267-1

7. Supertrumpf

Lernziele:

- kann Formen und Praktiken der Bedeutungsproduktion in der Fremdsprache erkennen
- kann Diskurspluralität und alternative Diskurspositionen (an)erkennen
- kann an der Bedeutungsproduktion in der Fremdsprache mitwirken (und diese erweitern)

90 min

Materialien:

KV 44, pro Gruppe je einen Satz Spielkarten *Wurstquartett* inkl. der Extrakarte Schaf sowie der Geheimkarte (KV 45), (Spielkarten in Farbe online. Dazu Klett-Online-Code **dw8g39k** auf www.klett-sprachen.de eingeben.)

Didaktischer Kommentar:

1a. Bilden Sie Gruppen mit je 3–4 TN. Die Aufgabe dient der Auseinandersetzung mit dem Kartenspiel. Die Lernenden sollen die Regeln von *Supertrumpf* verstehen, die für das Aushandeln der Spielregeln in Aufgabe 1b. wichtig sind.

1b. Teilen Sie pro Gruppe einen Satz Spielkarten *Wurstquartett* (8 Wurstkarten) aus. Die TN diskutieren über die im Kartenspiel gesetzten Kategorien (Fettgehalt, Preis, etc.) und darüber, was ‚gut‘ ist; dabei verwenden sie Steigerungsformen („Ich finde, ein niedriger Fettgehalt sollte gewinnen, das ist viel *gesünder*.“ – „Nee, Wurst mit viel Fett schmeckt doch viel *besser*.“). Die Kategorien der Spielkarten definieren, was Wurst ist und wie über Wurst gesprochen werden kann. Ob jedoch ein hoher oder niedriger Schweineanteil bzw. Fettgehalt für ‚gut‘ gehalten wird, ist eine Sache der Perspektive.

1c. Teilen Sie im nächsten Schritt die Extrakarte mit dem ‚Schaf‘ aus. Mit dieser Irritation soll den TN bewusst werden, dass durch unterschiedliche Kategorien Dinge voneinander unterscheidbar werden. So werden z. B. Tiere über andere Kategorien definiert als Fleisch, darüber hinaus ist das abgebildete Schaf auch nicht ‚echt‘. So passen die Kategorien ‚Fettgehalt‘, ‚Anteil Schwein‘, ‚Durchmesser‘ und ‚Kalorien‘ nicht mehr zu dem Bild – es müssen also neue/andere Kategorien gefunden und ausgehandelt werden, die das Bild ‚besser‘ beschreiben. Sammeln Sie nun im Plenum ‚neue‘ Kategorien, durch welche das Bild definiert werden kann. Sie können die Kategorien natürlich auch erst in Gruppen erarbeiten lassen und anschließend im Plenum diskutieren. Eine mögliche Lösung finden Sie im Lösungsteil (S. 130). Da durch diesen gemeinsamen Durchlauf den TN nun das Vorgehen des Kategorisierens deutlich geworden sein sollte, teilen Sie im Anschluss eine unausgefüllte Geheimkarte aus (KV 45).

1d. Bereiten Sie gefaltete Papiere vor und notieren Sie auf der innenliegenden Seite den ‚geheimen‘ Begriff *Liebe*. Lassen Sie jede Gruppe einen ‚geheimen‘ Begriff (= Liebe) ziehen. *Liebe* ist deshalb ‚geheim‘, da die TN nicht wissen sollen, dass sie eigentlich alle denselben Begriff gezogen haben. Zunächst sollen die TN selbst passende Kategorien zum Begriff *Liebe* definieren und auf ihrer Blankokarte notieren. Wenn gewünscht, können die TN auch ein passendes Bild zu dem Begriff zeichnen (beispielsweise ein Herz).

Anschließend schreiben die Gruppen ihre Kategorien an die Tafel (ohne dabei den geheimen Begriff zu verraten!). Es ist zu erwarten, dass die Gruppen ähnliche, aber auch unterschiedliche Kategorien vorschlagen (siehe hierzu auch die möglichen Lösungen im Anhang, S.130). Dies kann den TN die Konstruktion von Bedeutungen verdeutlichen. Sie erkennen, dass *Liebe* als kollektiv gebrauchter Begriff nur dann verständlich ist, wenn die Definition gleich oder zumindest ähnlich ist. Dennoch – und auch das soll erkannt werden – liegen im Diskurs verschiedene Kategorien bzw. Muster zugrunde, die *Liebe* ausmachen. Deshalb sind unterschiedliche Kategorien auch nicht unbedingt falsch, sondern zeigen, was unter *Liebe* verstanden werden kann, wie unterschiedliche Kategorien diesen Begriff auch unterschiedlich beschreiben und, sofern die TN die Kategorien untereinander auch noch einmal durch prozentuale Angaben detaillierter beschreiben, wie eine unterschiedliche Gewichtung der Kategorien erzeugt werden kann.

Supertrumpf

1a. Lesen Sie die Spielanleitung.

- Wie wird ‚Supertrumpf' gespielt?
- Mit welchen Karten wird ‚Supertrumpf' meist gespielt?
- Was sind typische Kategorien? Was sind die besten Kategorien?

> **Spielregeln ‚Supertrumpf'**
>
> Es wird in Gruppen gespielt. Alle Karten werden gemischt, jeder Spieler erhält die gleiche Anzahl von Karten. Jeder hält seinen Kartenstapel so, dass nur er die oberste Karte sehen kann. Ein Spieler beginnt und nennt ein Merkmal seiner obersten Karte. Die Mitspieler nennen nun die entsprechenden Daten auf ihren obersten Karten. Der Spieler, der den *besten* Wert auf seiner Karte hat, gewinnt und bekommt alle obersten Karten der Mitspieler. Er legte diese nach unten in seinen Stapel.
>
> Es empfiehlt sich, vor dem Spiel festzulegen, welcher Wert der *bessere* ist.
>
> Hat ein Spieler alle Karten verloren, scheidet er aus, das Spiel wird von den verbleibenden Mitspielern fortgesetzt. Sieger ist, wer zuletzt alle Karten gewonnen hat.

1b. Handeln Sie in der Gruppe aus, welche Kategorien die besten sind und gewinnen sollen. Diskutieren Sie in der Gruppe und notieren Sie die Gewinnerwerte (z. B. niedrigster Fettgehalt). Spielen Sie danach das Spiel nach Ihren Regeln.

	Gewinnerwerte
hoch oder *niedrig*	Fettgehalt
hoch oder *niedrig*	Anteil Schwein
groß oder *klein*	Durchmesser
hoch oder *niedrig*	Preis pro 100 Gramm
lang oder *kurz*	Haltbarkeit
viel oder *wenig*	Kalorien

1c. Sehen Sie sich die Extrakarte an.

- Passen die Kategorien? Warum (nicht)?
- Welche Kategorien sollten eine Rolle spielen? Mit welchen Gewinnerwerten?

Diskutieren Sie und schreiben Sie eine neue Karte.

1d. Ziehen Sie eine Geheimkarte. Notieren Sie 6 Kategorien, die diesen Begriff beschreiben. Schreiben Sie anschließend Ihre 6 Kategorien an die Tafel, ohne den geheimen Begriff zu verraten. Erraten Sie dann die Begriffe der anderen Gruppen.

- Passen die Kategorien der anderen Gruppen? Warum (nicht)?
- Sind die Kategorien der anderen Gruppen falsch? Warum (nicht)?
- Was ist Ihrer Meinung nach die beste Kategorie? Wählen Sie eine aus.

 © Ernst Klett Sprachen GmbH, Stuttgart 2016 | www.klett-sprachen.de | Alle Rechte vorbehalten
Von dieser Druckvorlage ist die Vervielfältigung für den eigenen Unterricht gestattet.
ISBN 978-3-12-675267-1

Supertrumpf

✂

Weißwurst g4

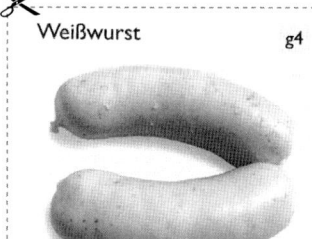

Fettgehalt	27 %
Anteil Schwein	58 %
Durchmesser	3,4 cm
Preis/100g	1,05 Euro
Haltbarkeit	4 Tage
Kalorien	279 kcal

Tofuwurst h1

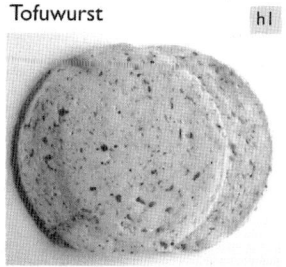

Fettgehalt	12,8 %
Anteil Schwein	0 %
Durchmesser	7 cm
Preis/100g	1,99 Euro
Haltbarkeit	5 Tage
Kalorien	213 kcal

Salami a1

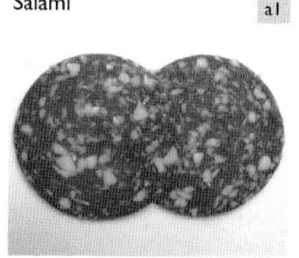

Fettgehalt	33 %
Anteil Schwein	95 %
Durchmesser	7,5 cm
Preis/100g	1,29 Euro
Haltbarkeit	5 Tage
Kalorien	447 kcal

Rotwurst h4

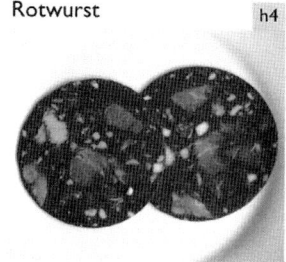

Fettgehalt	25 %
Anteil Schwein	54 %
Durchmesser	10,5 cm
Preis/100g	1,09 Euro
Haltbarkeit	2 Tage
Kalorien	399 kcal

Mortadella f4

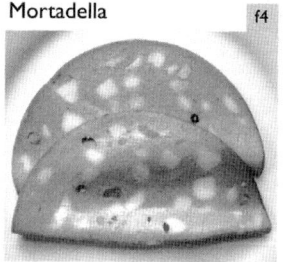

Fettgehalt	33 %
Anteil Schwein	85 %
Durchmesser	18 cm
Preis/100g	1,39 Euro
Haltbarkeit	3 Tage
Kalorien	367 kcal

Mettwurst d3

Fettgehalt	40 %
Anteil Schwein	100 %
Durchmesser	4 cm
Preis/100g	1,05 Euro
Haltbarkeit	2 Tage
Kalorien	413 kcal

Feine Leberwurst d1

Fettgehalt	41,2 %
Anteil Schwein	85 %
Durchmesser	6 cm
Preis/100g	0,89 Euro
Haltbarkeit	3 Tage
Kalorien	450 kcal

Gesichtswurst f2

Fettgehalt	38 %
Anteil Schwein	70 %
Durchmesser	10 cm
Preis/100g	1,09 Euro
Haltbarkeit	3 Tage
Kalorien	333 kcal

Schaf

(Quelle: www.wurstquartett.de)

© Ernst Klett Sprachen GmbH, Stuttgart 2016 | www.klett-sprachen.de | Alle Rechte vorbehalten
Von dieser Druckvorlage ist die Vervielfältigung für den eigenen Unterricht gestattet.
ISBN 978-3-12-675267-1

8. Wir machen eine Talkshow

Lernziele:

- kann Formen und Praktiken der Bedeutungsproduktion in der Fremdsprache (in Talkshows) erkennen
- kann Diskurspluralität und alternative Diskurspositionen (an)erkennen
- kann an der Bedeutungsproduktion in der Fremdsprache mitwirken (und diese erweitern)
- kann den eigenen Standpunkt / Diskursposition vertreten (hinterfragen und erweitern)

Materialien:
KV 46

Didaktischer Kommentar:

1a. Die TN sammeln in Einzelarbeit ihr Vorwissen zum Thema *Talkshow*.

1b. In Gruppenarbeit entwickeln die TN Rollen, dabei sind besonders solche Rollen geeignet, die klischeebeladen sind und polarisierende Meinungen zulassen.
Je ein/e TN pro Gruppe versetzt sich in der Talkshow dann in die entwickelte Rolle.

1c. Der Kurs veranstaltet eine Talkshow: Alle TN überlegen sich in der Vorbereitungsphase Fragen, die den Gästen gestellt werden könnten. Ein/e TN übernimmt die Rolle des Moderators. Die TN, die keine Rolle übernommen haben, können sich als Publikum jederzeit in die Diskussion einschalten und – nach Aufforderung durch den Moderator – auch im Kreise der Gäste Platz nehmen.
Abschließend bietet sich eine Diskussionsrunde an, in der Kritik am Rollenverhalten geäußert werden darf und in der besonders die gelungenen Aspekte hervorgehoben werden können.

Wir machen eine Talkshow

1a. Wie funktionieren Talkshows? An wen richten sie sich? Sammeln Sie.

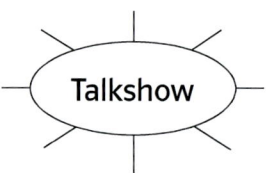

1b. Entwickeln Sie eine Rolle für einen Gast (z. B. Veganer, Ökolandwirt, Wurstfabrikant), der in einer Talkshow zum Thema ‚Tiere essen?' teilnimmt, und ergänzen Sie die Rollenkarte. Eine Person aus Ihrer Gruppe wird in diese Rolle schlüpfen.

> Auf den Rollenkarten befinden sich Anhaltspunkte zur Person und ihrer Meinung. Dies erleichtert das Annehmen der Rolle.
>
> Beispiel:
> **WER:** Lieschen Müller, kocht und isst gern Fleischgerichte, Mutter eines Ovo-Lakto-Vegetariers, ängstlich, besorgt
> **STANDPUNKTE:** Als Fleischesserin versteht sie die Vorlieben ihres Sohnes nicht und hat Angst um dessen Gesundheit.
> **GRÜNDE:** Vegetarier sein ist bestimmt ungesund.

1c. Bestimmen Sie im Kurs eine Person zum Moderator und spielen Sie die Talkshow.

WER (Alter, Herkunft, Beruf, Familie, Charaktereigenschaften, etc.)

_____

_____

_____

STANDPUNKTE (klare Standpunkte, Grenzen, Unklarheiten?)

_____

_____

_____

GRÜNDE? (Argumente, konkrete Beispiele etc.)

_____

_____

_____

© Ernst Klett Sprachen GmbH, Stuttgart 2016 | www.klett-sprachen.de | Alle Rechte vorbehalten
Von dieser Druckvorlage ist die Vervielfältigung für den eigenen Unterricht gestattet.
ISBN 978-3-12-675267-1

9. Wir kaufen ein – Reflexion

Lernziele:

- kann Formen und Praktiken der Bedeutungsproduktion in der Fremdsprache (in Werbeprospekten) erkennen
- kann Diskurspluralität und alternative Diskurspositionen (an)erkennen
- kann an der Bedeutungsproduktion in der Fremdsprache mitwirken (und diese erweitern)
- kann den eigenen Standpunkt / Diskursposition vertreten (hinterfragen und erweitern)

Materialien:

KV 47, Prospekte und Tabelle aus Auftakteinheit

Didaktischer Kommentar:

1. Die Aufgabe zum Einkaufen wird nun am Ende des Moduls wiederholt (vgl. *1. Wir kaufen ein*). Idealerweise geschieht dies nun komplexer und reflektierter als am Anfang des Moduls. Die TN sollten erkannt haben, wie unterschiedliche Kategorien das Kauf- und Essverhalten beeinflussen und dies während der Auseinandersetzung reflektieren. Idealerweise können die TN im Vergleich zu ihrer Tabelle in Einheit 1/1b. erkennen, dass ihre detaillierte Argumentation auf die stärkere Auseinandersetzung mit dem Modulthema zurückzuführen ist.

2. Die Aufgabe kann gut als Hausaufgabe gestellt werden. In einer Stellungnahme sollen die TN unter Bezugnahme auf die Inhalte des gesamten Moduls ihre eigene Position reflektieren.

Es geht keinesfalls darum, dass nach dem Modul alle TN zu Vegetariern oder Veganern geworden sind, sondern darum, dass die TN ein differenziertes Bild des Diskurses gewinnen konnten und ihre Positionen reflektieren können.

Wir kaufen ein – Reflexion

1. Sehen Sie sich noch einmal die Werbeprospekte aus 1. Wir kaufen ein – Auftakt *an*. Was würden Sie jetzt kaufen? Warum (nicht)? Haben sich Ihre Gründe geändert? Ergänzen Sie Ihre Tabelle aus Einheit 1/1b.

2. Wie ist Ihre Meinung zu den im Modul behandelten Fragestellungen? Schreiben Sie eine Stellungnahme. Beziehen Sie dabei Ihre Erfahrungen und Eindrücke aus dem gesamten Modul mit ein.

© Ernst Klett Sprachen GmbH, Stuttgart 2016 | www.klett-sprachen.de | Alle Rechte vorbehalten
Von dieser Druckvorlage ist die Vervielfältigung für den eigenen Unterricht gestattet.
ISBN 978-3-12-675267-1

Modul Mobilität

Einheit	Seite

1. Wir fahren irgendwohin – Auftakt

Dauer: ca. 45 Minuten

95

Lernziele:
- kann an Bekanntes anknüpfen
- kann an der Bedeutungsproduktion in der Fremdsprache mitwirken
- kann Formen und Praktiken der Bedeutungsproduktion in der Fremdsprache (in politischen und geografischen Karten) erkennen, hinterfragen und erweitern

Materialien:	**Fertigkeiten:**
KV 48, geographische und politische Europakarte in Farbe (online)	Lese-/ Sehstrategien, Schreiben, Sprechen, Textkompetenz (Karten)

2. Karten, Karten, Karten

97

Dauer: ca. 90 Minuten

Lernziele:
- kann Formen und Praktiken der Bedeutungsproduktion unterschiedlichster Karten in der Fremdsprache erkennen, hinterfragen und erweitern
- kann an der Bedeutungsproduktion in der Fremdsprache mitwirken (und diese erweitern)
- kann den eigenen Standpunkt / Diskursposition vertreten (hinterfragen und erweitern)
- kann unbekannte Standpunkte / Diskurspositionen verstehen

Materialien:	**Fertigkeiten:**
KV 49 und 50, Karten in Farbe (online), evtl. Bastelmaterial (2b.)	selektives Lesen, Schreiben, Sprechen, Textkompetenz (Karten)

3. Migrationsgeschichten

101

Dauer: ca. 135 Minuten

Lernziele:
- kann an Bekanntes anknüpfen
- kann Formen und Praktiken der Bedeutungsproduktion in der Fremdsprache (biographisches Erzählen) erkennen, hinterfragen und erweitern
- kann den eigenen Standpunkt / Diskursposition vertreten (hinterfragen und erweitern)
- kann unbekannte Standpunkte / Diskurspositionen verstehen und einnehmen

Materialien:	**Fertigkeit:**
KV 51 und 52, Hörstationen für 3 Migrationsgeschichten (online), 3 Migrationsgeschichten als Text (online)	Hören, Sprechen, Schreiben, Lesen

4. Grenzen und Freiheiten	104
Dauer: ca. 135 Minuten	

Lernziele:

- kann Formen und Praktiken der Bedeutungsproduktion in der Fremdsprache (in Bildern, Filmen, Interviews, Zeitungsartikeln, Werbung, Aktionsflyern) erkennen (hinterfragen und erweitern)
- kann an der Bedeutungsproduktion in der Fremdsprache mitwirken (und diese erweitern)
- kann unbekannte Standpunkte / Diskurspositionen verstehen
- kann Diskurspluralität und alternative Diskurspositionen (an)erkennen

Materialien:	**Fertigkeiten:**
KV 53 sowie pro TN eine Textsammlung (KV 54–56 oder 57–59), Bilder in Farbe (online)	Lesen, Schreiben, Sprechen

5. Geld – Einschränkung oder Möglichkeit?	112
Dauer: ca. 45 Minuten	

Lernziele:

- kann Formen und Praktiken der Bedeutungsproduktion in der Fremdsprache (in Graffitis) erkennen (hinterfragen und erweitern)
- kann an der Bedeutungsproduktion in der Fremdsprache mitwirken (und diese erweitern)
- kann unbekannte Standpunkte / Diskurspositionen verstehen
- kann Diskurspluralität und alternative Diskurspositionen (an)erkennen

Materialien:	**Fertigkeiten:**
KV 60, Graffiti in Farbe (online)	Sprechen, Schreiben

6. Inszenierung von Grenzen	114
Dauer: ca. 135 Minuten	

Lernziele:

- kann kreativ an der Bedeutungsproduktion in der Fremdsprache mitwirken (und diese erweitern)
- kann unbekannte Standpunkte / Diskurspositionen einnehmen und verstehen
- kann Diskurspluralität und alternative Diskurspositionen (an)erkennen

Materialien:	**Fertigkeiten:**
KV 61	Sprechen

7. Wir fahren irgendwohin – Reflexion	116
Dauer: ca. 30 Minuten	

Lernziele:

- kann an Bekanntes anknüpfen
- kann an der Bedeutungsproduktion in der Fremdsprache mitwirken (und diese erweitern)
- kann den eigenen Standpunkt / Diskursposition vertreten (hinterfragen und erweitern)
- kann unbekannte Standpunkte / Diskurspositionen verstehen

Materialien:	**Fertigkeiten:**
KV 62	Sprechen, Schreiben

1. Wir fahren irgendwohin – Auftakt

Lernziele:

- kann an Bekanntes anknüpfen
- kann an der Bedeutungsproduktion in der Fremdsprache mitwirken
- kann Formen und Praktiken der Bedeutungsproduktion in der Fremdsprache
  (in politischen und geografischen Karten) erkennen, hinterfragen und erweitern

Materialien:

KV 38, geographische und politische Europakarte in Farbe (Dazu Klett-Online-Code **dw8g39k** auf www.klett-sprachen.de eingeben.)

Didaktischer Kommentar und mögliche Lösungen:

1a. Die Aufgabe dient der Vorwissensaktivierung. Die TN betrachten die beiden Europakarten in Einzelarbeit zunächst aus der Perspektive von Reisenden und Touristen. Sie notieren, wohin sie gerne fahren würden und mit welchem Transportmittel sie an ihr Ziel gelangen wollen. Dabei kann auch das Zusammenspiel zwischen Form und Inhalt der jeweiligen Karte (geografisch / politisch) eine Rolle spielen. Auf diese Weise bekommen die TN erste Ideen, wie Praktiken der Bedeutungsproduktion in Kartenmaterialien funktionieren. Dies wird in der darauffolgenden Einheit expliziert.

1b. und c. In dieser Aufgabe wird die Aufmerksamkeit weg vom reinen Orientierungsgegenstand Karte und deren Darstellung gelenkt. Die TN überlegen zunächst in Einzelarbeit, was in der politischen und geographischen Karte gezeigt bzw. nicht gezeigt wird und inwiefern die Kategorien Politik bzw. Geographie die Darstellung beeinflussen (wie u. a. Ländergrenzen bei beiden Karten; Länder-, Gewässernamen und Hauptstädte bei der politischen Karte und Gebirge bei der geografischen Karte). Nach einem kurzen Austausch über die gefundenen Elemente in Partnerarbeit werden die Erkenntnisse im Plenum zusammen getragen. Die Lernenden erkennen, wie Gezeigtes und Nichtgezeigtes die Wahl ihrer Reise- und Tourismusziele beeinflussen können (z. B. Reisen in sog. ‚Krisengebiete‘).

Die Frage des Reisens wird in Einheit *7. Wir fahren irgendwohin – Reflexion* am Ende des Moduls wiederholt aufgegriffen und erweitert.

Anmerkungen:

- Stellen Sie ggf. zusätzlich Redemittel zur Beschreibung von Landkarten zur Verfügung.
- Die Aufgabe kann gut als vorbereitende Hausaufgabe gestellt werden.

Wir fahren irgendwohin – Auftakt

1a. Schauen Sie sich die beiden Karten an. Wohin würden Sie fahren, womit und warum?

_____

_____

_____

_____

Karte 1: Europa geographisch

_____

_____

_____

_____

_____

Karte 2: Europa politisch

1b. Schauen Sie sich die beiden Karten genauer an. Was zeigen die Karten? Was zeigen sie nicht?

	Karte 1	Karte 2
Was zeigt die Karte?		
Was zeigt die Karte nicht?		

1c. Beeinflussen die in 1b erarbeiteten Ergebnisse die Wahl Ihres Reiseziels? Diskutieren Sie.

© Ernst Klett Sprachen GmbH, Stuttgart 2016 | www.klett-sprachen.de | Alle Rechte vorbehalten
Von dieser Druckvorlage ist die Vervielfältigung für den eigenen Unterricht gestattet.
ISBN 978-3-12-675267-1

2. Karten, Karten, Karten

Lernziele:

- kann Formen und Praktiken der Bedeutungsproduktion unterschiedlichster Karten in der Fremdsprache erkennen, hinterfragen und erweitern
- kann an der Bedeutungsproduktion in der Fremdsprache mitwirken (und diese erweitern)
- kann den eigenen Standpunkt / Diskursposition vertreten (hinterfragen und erweitern)
- kann unbekannte Standpunkte / Diskurspositionen verstehen

Materialien:
KV 49 und 50, Karten in Farbe (Dazu Klett-Online-Code **dw8g39k** auf www.klett-sprachen.de eingeben.), evtl. Bastelmaterial (s. 2b.)

Didaktischer Kommentar und mögliche Lösungen:

1a–c. Die TN vergleichen zwei unterschiedliche Karten anhand der beiden Fragen *Was wird dargestellt?* und *Wie wird es dargestellt?* Beide Karten beschreiben die Welt mit Hilfe unterschiedlicher Kategorien, die die Darstellung beeinflussen:
Karte A (Die Welt aus deutscher Sicht) zeigt eine stilisierte Weltkarte aus „deutscher Sicht" und füllt die Länder / Kontinente mit Stereotypen zu diesen (Kategorie: Stereotype).
Karte B (Internetnutzung) zeigt die Welt im Zusammenhang mit der Internetnutzung im Jahr 2002. Die Länder, in denen häufig das Internet genutzt wird, werden größer dargestellt (Kategorie: Internet).

In der Bearbeitung der Aufgaben soll deutlich werden, dass obwohl zweimal ‚die Welt' abgebildet wird, doch ganz unterschiedliche Zusammenhänge mit den jeweiligen Karten konstruiert werden. Die TN sollen ein Bewusstsein dafür entwickeln, dass nicht nur das Abgebildete (das *Was*) zentral ist, sondern auch die gewählte Darstellung (das *Wie*) für die Herstellung von Bedeutungen eine große Rolle spielt.

2a. Neue Karten werden präsentiert, die den Begriff ‚Karte' um eine mentale Karte sowie einen Schlachtplan erweitern. Es sollte deutlich werden, dass nicht nur in geopolitischen Zusammenhängen Karten eine wichtige Funktion bei der Erklärung bzw. Konstruktion von Wirklichkeit spielen, sondern auch in anderen Bereichen nie einfach nur abbilden, sondern immer schon eine Sichtweise transportieren. Bei der mentalen Karte Berlins (Karte 1) spielen die tatsächlichen Entfernungen und Größen der dargestellten Elemente keinerlei Rolle; der Schlachtplan des Rinds (Karte 2) reduziert das Tier vollständig auf seine Rolle als Fleischlieferant. Damit erfüllen die Karten ihren Zweck, allerdings ist dies nur eine Möglichkeit z. B. eine Kuh darzustellen. In der folgenden Aufgabe sollen die TN diese Ergebnisse einfließen lassen, wenn sie ihre eigenen Karten erstellen.

2b. Die Kleingruppen können bei dieser Aufgabe zeichnen, basteln, kneten usw. Stellen Sie wenn möglich Materialien zur Verfügung. Es sind ganz unterschiedliche Räume denkbar: Weltkarte, Stadtplan, Wohnungsumriss etc.
Achten Sie darauf, dass die TN ihre Entscheidungen im Hinblick auf die zu Grunde liegende Kategorie und den Zusammenhang zwischen Darstellung und Dargestelltem begründen können.

2c. Galerie-Rundgang: Die Karten werden nicht nacheinander im Plenum präsentiert, sondern als simultane Ausstellung dargeboten, die von allen TN besucht werden kann. Als Erstes sind die Gäste an der Reihe, zu beschreiben, was sie sehen. Diese Beschreibung ist bereits eine Form der Interpretation. Ein bis zwei TN aus jeder Gruppe sollten für Fragen, Erklärungen und Diskussionen jeweils bei ihrer Karte bleiben. Somit kommt auch die Deutung der jeweiligen „Produzenten" ins Spiel. Hierbei wird deutlich, dass ein Verstehen der Grafiken nicht vollständig möglich ist, sondern immer von den Deutungsprozessen der „Verstehenden" abhängt.

Karten, Karten, Karten

1a. Schauen Sie sich die Karten an. Was zeigen die Karten?

Karte A, Titel: _____

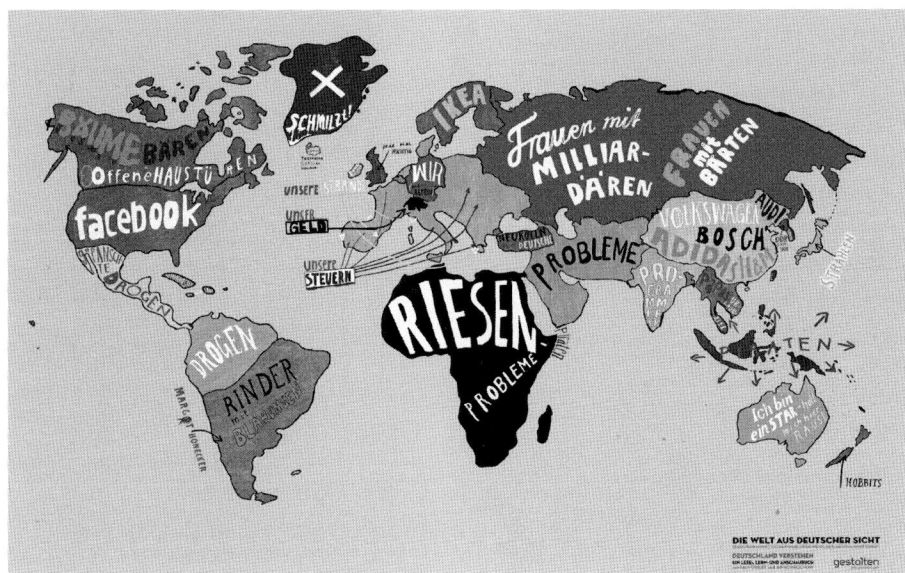

(aus: Grauel / Schwochow 2012)

_____

_____

_____

_____

_____

_____

Karte B, Titel: _____

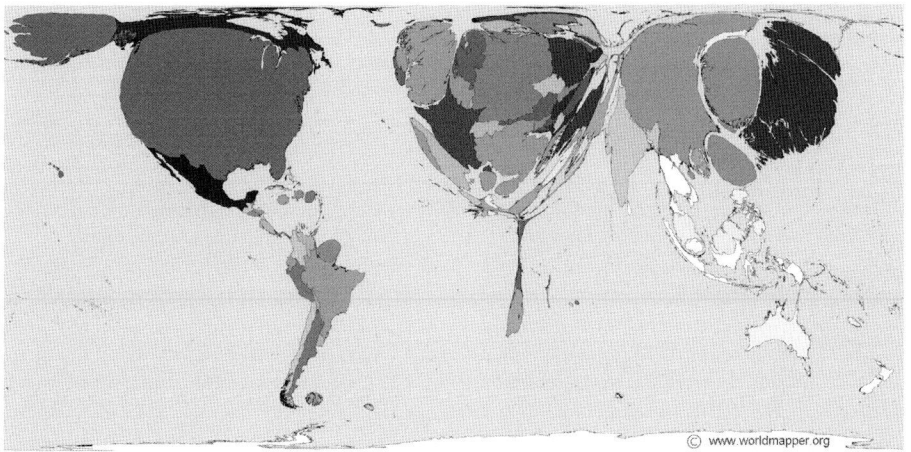

(www.worldmapper.org; © Copyright Sasi Group (University
of Sheffield) and Mark Newman (University of Michigan)

_____

_____

_____

_____

_____

_____

1b. Ordnen Sie die Titel den Karten in 1a zu. Wie wird der Inhalt dargestellt? Was meinen Sie: Warum stellt der Autor die Inhalte so dar?

Internetzugang	Die Welt aus deutscher Sicht

1c. Welche Perspektive wird eingenommen und wer kann diese Karte wie benutzen?

Karte A	Karte B

© Ernst Klett Sprachen GmbH, Stuttgart 2016 | www.klett-sprachen.de | Alle Rechte vorbehalten
Von dieser Druckvorlage ist die Vervielfältigung für den eigenen Unterricht gestattet.
ISBN 978-3-12-675267-1

Karten, Karten, Karten

2a. Schauen Sie sich folgende „Karten" an.
Was zeigen sie? Wie wird das dargestellt?

Karte 1

_____

_____

_____

_____

Karte 2

_____

_____

_____

_____

2b. Erstellen Sie in der Gruppe eine Karte zum Thema Mobilität. Bestimmen Sie zusammen, was Sie darstellen wollen. Und entscheiden Sie sich für eine Form der Darstellung auf der Grundlage der bisher diskutierten Karten.

2c. Galerie-Rundgang: Bitten Sie die Besucher, Ihre Karte zu beschreiben und diskutieren Sie mit ihnen.

© Ernst Klett Sprachen GmbH, Stuttgart 2016 | www.klett-sprachen.de | Alle Rechte vorbehalten
Von dieser Druckvorlage ist die Vervielfältigung für den eigenen Unterricht gestattet.
ISBN 978-3-12-675267-1

3. Migrationsgeschichten

Lernziele:

- kann an Bekanntes anknüpfen
- kann Formen und Praktiken der Bedeutungsproduktion in der Fremdsprache (biographisches Erzählen) erkennen, hinterfragen und erweitern
- kann den eigenen Standpunkt / Diskursposition vertreten (hinterfragen und erweitern)

Materialien:

KV 51 und 52, Hörstationen für drei Migrationsgeschichten + Auszüge der Migrationsgeschichten als Text (Für Hörstationen und Texte Klett-Online-Code **dw8g39k** auf www.klett-sprachen.de eingeben.)

Didaktischer Kommentar und mögliche Lösungen:

1a. Die Aufgabe dient der Vorwissensaktivierung. Bei der Besprechung im Plenum sollte auch thematisiert werden, was Migration eigentlich bedeutet.

1b. Hier erfolgt das erste globale Verstehen einer Migrationsgeschichte. Bilden Sie drei Gruppen, bestenfalls können Sie drei Hörstationen aufbauen, an denen je eine Gruppe ungestört eine der drei Migrationsgeschichten hören kann. Es werden die Geschichten von Adalet Sal, Dragena Koric und Hianick Kamba benötigt. Idealerweise rufen Sie die jeweilige Geschichte bereits auf oder unterstützen die TN beim Auffinden dieser auf der Webseite (Link zur Webseite über Online-Code).

1c. Die Aufgabe kann zunächst in Einzelarbeit und dann in der Gruppe bearbeitet werden, sie dient dem selektiven Hören. Die Frage, ob sich Erwartungen der Erzählenden erfüllt haben, fordert von den TN den Abgleich der Vorstellungen der erzählenden Personen vor ihrer Migration und der Schilderung der aktuellen Situation. Die Gruppenmitglieder werden für ihre Erzählung zu Experten (vgl. Lösungen online).

1d. Sozialform wie in 1c. Die TN machen sich mit typischen sprachlichen Mitteln der Textsorte biographisches Erzählen vertraut, indem sie diese in den drei verschriftlichten Migrationsgeschichten identifizieren. Mögliche Lösungen, die ausgeteilt und besprochen und für das ‚Nachschreiben' der Geschichten in Stichpunkten genutzt werden können, sind über den Online-Code zugänglich.

1e. Expertenkongress: Es werden neue Gruppen mit je drei TN gebildet, jedes Gruppenmitglied hat eine andere Erzählung gehört / gelesen und sich Stichpunkte gemacht. In den neu gebildeten Dreiergruppen geben die Experten Auskunft über die jeweils gehörte und gelesene Migrationsgeschichte.

1f. Nun vergleichen die TN die drei Migrationsgeschichten. Machen Sie die Kategorien des Vergleichs noch einmal explizit: Gründe für die Migration, aktuelle Situation, Erwartungen etc., aber auch sprachlicher Stil.

2. Die TN schreiben ihre eigene oder eine vorgestellte Geschichte in den Dreiergruppen. Dabei können sie an Bedeutungskonstruktionen in der Fremdsprache mitwirken. Gefördert wird das Beschreiben von (zeitlich aufeinander folgenden) Situationen, das Ausdrücken von Gründen für Migration sowie das Ausdrücken von Erwartungen und Gefühlen. Dafür sollten sich die TN an den in 1e. rekonstruierten sprachlichen Mitteln des biografischen Erzählens orientieren. Freiwillige können ihre Geschichte abschließend dem Kurs präsentieren.

Migrationsgeschichten

1a. Sind Sie schon einmal migriert? Woher? Wohin? Warum?

Woher? _____ **Wohin?** _____

Warum? _____

1b. Hören Sie in Ihrer Gruppe die Migrationsgeschichte. Worüber spricht die Person ganz allgemein?

_____

1c. Beantworten Sie die Fragen (soweit der Erzähler / die Erzählerin darauf eingeht).

Wie heißt die Person?	
Woher kommt die Person? Wo wurde Sie geboren?	
Wo lebt die Person heute?	
Wie beschreibt die Person die Situation im Herkunftsland?	
Warum ist die Person migriert? Welche Gründe werden genannt?	
Welche Erwartungen hatte die Person in Bezug auf ihr Leben in Deutschland?	
Wie beschreibt die Person den Migrationsweg und die erste Zeit als Migrant/in?	
Was macht die Person heute? Wie stellt sie ihre Situation heute dar?	
Haben sich die Erwartungen der Person erfüllt? Inwiefern (nicht)?	
Ist die Person heute zufrieden mit ihrer Situation? Warum (nicht)?	

© Ernst Klett Sprachen GmbH, Stuttgart 2016 | www.klett-sprachen.de | Alle Rechte vorbehalten
Von dieser Druckvorlage ist die Vervielfältigung für den eigenen Unterricht gestattet.
ISBN 978-3-12-675267-1

Migrationsgeschichten

1d. Markieren und notieren Sie sprachlich-formale Mittel für

- Gliederung:
  - Anfang der Geschichte / Ausgangslage
  - Episodenwechsel (auf dem Amt, beim Fußball, …)
  - Zeitlicher Verlauf in der Geschichte (Tage, Wochen, Jahre …)
- Gründe für Migration
- Erwartungen an das neue Leben in Deutschland
- Gefühle / Bewertungen

1e. Stellen Sie ‚Ihre' Person und deren Geschichte in der neuen Gruppe vor.

1f. Haben die Personen ähnliche oder unterschiedliche Erfahrungen gemacht? Vergleichen und diskutieren Sie die drei Erzählungen in Ihrer Gruppe.

2. Schreiben Sie Ihre eigene oder eine erfundene Migrationsgeschichte. Nutzen Sie sprachliche Mittel, die Sie in den drei Erzählungen gefunden haben.

© Ernst Klett Sprachen GmbH, Stuttgart 2016 | www.klett-sprachen.de | Alle Rechte vorbehalten
Von dieser Druckvorlage ist die Vervielfältigung für den eigenen Unterricht gestattet.
ISBN 978-3-12-675267-1

4. Grenzen und Freiheiten

135 min

Lernziele:

- kann Formen und Praktiken der Bedeutungsproduktion in der Fremdsprache (in Bildern, Filmen, Interviews, Zeitungsartikeln, Werbung, Aktionsflyern) erkennen (hinterfragen und erweitern)
- kann an der Bedeutungsproduktion in der Fremdsprache mitwirken (und diese erweitern)
- kann unbekannte Standpunkte / Diskurspositionen verstehen
- kann Diskurspluralität und alternative Diskurspositionen (an)erkennen

Materialien:

KV 53, sowie pro TN eine Textsammlung (KV 54–56 oder 57–59), Bilder in Farbe
(Dazu Klett-Online-Code **dw8g39k** auf www.klett-sprachen.de eingeben.)
ACHTUNG: Textsammlung 1 enthält Videomaterial, das den TN zugänglich sein muss.
(Dazu Klett-Online-Code **dw8g39k** auf www.klett-sprachen.de eingeben.)

Didaktischer Kommentar und mögliche Lösungen:

Für diese Einheit stehen zwei verschiedene Textsammlungen zur Verfügung. Bilden
Sie zwei Expertengruppen. Jede Gruppe erhält eine Textsammlung (Textsammlung
1: Einwanderung und Europas Grenzen, Textsammlung 2: Schwabenhass und regionale Grenzen). Die Expertengruppen haben ihre Texte vorbereitend gelesen. Die
Aufgabe lautet für beide Gruppen gleich und steht auf KV 53.

1a. und b. Bei diesen Aufgaben wird neben Inhalt und Argumentation der jeweiligen Texte auch die Verbindung von Sprache und Form fokussiert: Welchen Einfluss
haben Filme, Bilder, Werbung, Lieder, Interviews etc. auf die Argumentation? Bei
der Analyse der Texte geht es nicht um Detailanalysen. Dennoch sollen die TN für
wichtige formale und inhaltliche Punkte des Aufbaus (Darstellungstechniken,
(Bild-)Text-Zusammenhang, Musik etc.) sensibilisiert werden.
Die TN notieren ihre Ergebnisse direkt in der Textsammlung und führen diese anschließend in der Gruppe zusammen. Zusammenfassend kann sowohl in der Gruppe als auch abschließend im Plenum diskutiert werden, inwiefern sich die Interessen und Argumente der einzelnen Sprecher voneinander unterscheiden. Lösungsbeispiele für die Textsammlungen befinden sich im Anhang (S. 131).

2. Zum Anschluss stellt jede Gruppe die in ihrer Textsammlung thematisierten
‚Freiheiten' und ‚Grenzen' in einem Kurzvortrag vor. Die TN können während der
Vorträge der anderen Gruppen die wichtigsten Punkte des Vortrags auf dem Arbeitsblatt zum Gruppenvortrag (KV 53) notieren. Abschließend diskutieren die TN
in einer Plenumsdiskussion die in den Texten thematisierten ‚Freiheiten' und
‚Grenzen'.

Grenzen und Freiheiten

1a. Sehen Sie sich die Texte der Textsammlung an und machen Sie zu folgenden Fragen Notizen:

- Welche Personen bzw. Institutionen kommen in den Texten zu Wort?
- Welche Standpunkte und Interessen vertreten sie zum Thema „Grenzen und Freiheit"?
- Welche inhaltlichen Argumente bringen sie an?

1b. Markieren und notieren Sie, wie die Argumente (sprachlich und formal) eingeleitet und untermauert werden.

Gruppenvorträge

2. Hören Sie dem Vortrag der anderen Gruppe genau zu und machen Sie sich Notizen zu den Fragen aus 1a.

	Vortrag 1	Vortrag 2
Wer spricht? **Über wen wird gesprochen?**		
Welchen Standpunkt vertreten sie zum Thema „Grenzen und Freiheit"?		
Argumente		
Sprachliche und formale Mittel		

© Ernst Klett Sprachen GmbH, Stuttgart 2016 | www.klett-sprachen.de | Alle Rechte vorbehalten
Von dieser Druckvorlage ist die Vervielfältigung für den eigenen Unterricht gestattet.
ISBN 978-3-12-675267-1

Grenzen und Freiheiten (Textsammlung 1)

Text 1: Reportage „Ausländerlotterie" Arbeitsmarkt: mal anwerben, mal abschieben" (Panorama, ARD)

1. Eingangssequenz:
Ursula von der Leyen
[00:00:00–00:00:36]

2. Beispiele von Migranten
(wählen Sie bitte eine Biographie aus!)
[00:00:36–00:05:46]

3. Schlusssequenz: Präsentation der Kampagne
‚Yes we're open'
[00:07:06–00:07:17]

© Ernst Klett Sprachen GmbH, Stuttgart 2016 | www.klett-sprachen.de | Alle Rechte vorbehalten
Von dieser Druckvorlage ist die Vervielfältigung für den eigenen Unterricht gestattet.
ISBN 978-3-12-675267-1

Grenzen und Freiheiten (Textsammlung 1)

Text 2: Titelbild der Wochenzeitung „Jungle World"

Die Zukunftspartei. Die SPD wird 150. Wir gratulieren und schauen auf die nächsten 150 Jahre. **Seite 6**

Konservativer Wandel. Die jüngsten Wahlen in Pakistan hat die Muslimliga des ehemaligen Ministerpräsidenten Nawaz Sharif gewonnen. **Seite 12**

Eine Partei, viel Liebe. Die gleichgeschlechtliche Ehe könnte in Vietnam bald legalisiert werden. Das hilft auch dem Image der Regierung. **Seite 13**

Was plant Angela M.? Sozialistin im Kanzleramt: Eine Biographie rechnet mit Merkels Vergangenheit ab. **Dschungel-Seiten 2–5**

Wochenzeitung Jungle World
Donnerstag, 23. Mai 2013
17. Jahrgang, Nummer **21**
3,50 Euro, Österreich: 3,90 Euro
jungle-world.com

Jungle World

20 Jahre Mauerbau

Jahrestag der Asylrechtsänderung

Grenzregime. ■ Nach dem Fall der Mauer kam es zu einer Welle des Nationalismus und Rassismus in Deutschland und in deren Folge vor 20 Jahren zur faktischen Abschaffung des Asylrechts. Seitdem wird wieder eifrig an einer Mauer gebaut. Doch diesmal riegelt sie Europa gegen Flüchtlinge ab, die hier Asyl suchen. Auch am Jahrestag der Asylrechtsänderung und des rassistischen Brandanschlags in Solingen wird in Deutschland, und nicht nur dort, die Angst vor Überfremdung geschürt. ■ **Thema-Seiten 3 bis 5**

(Cover Jungle World Nr. 21/2013)

© Ernst Klett Sprachen GmbH, Stuttgart 2016 | www.klett-sprachen.de | Alle Rechte vorbehalten
Von dieser Druckvorlage ist die Vervielfältigung für den eigenen Unterricht gestattet.
ISBN 978-3-12-675267-1

Grenzen und Freiheiten (Textsammlung 1)

Text 3: Online-Artikel „Schengen-Reform: EU-Länder dürfen Grenzen wieder dicht machen"

Schengen-Reform: EU-Länder dürfen Grenzen wieder dicht machen

Die EU reformiert das Schengen-Abkommen. Ab 2014 sollen Staaten an ihren nationalen Grenzen wieder Passkontrollen einführen dürfen – bis zu zwei Jahre lang. Die Bundesregierung befürwortet die Änderungen, die Grünen sehen eine wichtige europäische Errungenschaft gefährdet.

Brüssel/Hamburg – Die EU-Staaten können die nationalen Grenzen zukünftig für bis zu zwei Jahre schließen. Wenn sie die massenhafte Ankunft von Flüchtlingen befürchten, sollen die Länder des Schengen-Raums wieder Grenzkontrollen einführen können.

Auf diesen Notfallmechanismus einigten sich die EU-Staaten, das Europaparlament und die EU-Kommission, teilte EU-Innenkommissarin Cecilia Malmström am Donnerstag in Brüssel mit. Die neuen Regeln sollen nach einer Übergangsphase im Herbst 2014 in Kraft treten. Die Einigung muss in den kommenden Wochen noch vom Parlament und den EU-Staaten angenommen werden, dies gilt aber als Formalie.

Mit der Schengen-Reform erfüllt die EU eine zentrale Forderung der Bundesregierung. Die Entscheidung zeige, „dass wir in Europa auch hier in der Lage sind, Fehlentwicklungen entgegenzuwirken", sagte Innenminister Hans-Peter Friedrich (CSU) in Berlin.

Die Wiedereinführung von Grenzkontrollen werde jedoch an strenge Kriterien geknüpft und sei nur in außergewöhnlichen Umständen und als letztes Mittel möglich, hieß es in Brüssel. Voraussetzung ist, dass ein Schengen-Staat trotz EU-Hilfe seine Außengrenzen nicht mehr schützen kann und die innere Sicherheit anderer Staaten „massiv bedroht" ist. Alleingänge einzelner Staaten soll es nicht geben.

Grüne kritisieren Schengen-Reform

Innenkommissarin Malmström sagte: „Die EU-Kommission überwacht, auch durch Besuche vor Ort, dass die Staaten ihre Verpflichtungen erfüllen und nicht ungerechtfertigt Grenzen kontrollieren." Doch ein EU-Diplomat räumt ein, dass letztlich eine Regierung selbst entscheide: „Wenn ein Staat seine Grenze kontrollieren will, macht er das einfach. Die Begründung kann er sich hinterher immer noch überlegen." Die Definition eines Notfalls sei nämlich dehnbar.

Das Schengener Abkommen garantiert normalerweise die Reisefreiheit in Europa: An den Grenzen der 26 Unterzeichner-Staaten gibt es normalerweise keine Passkontrollen mehr. 400 Millionen Europäer profitieren davon.

Dennoch könnte in Griechenland der Notfallmechanismus schon bald greifen: Athen ist seit Jahren mit der Grenzsicherung überfordert. Illegale Einwanderer reisen von dort weiter in den Rest Europas – auch nach Deutschland.

Die Grünen fürchten eine Abschottung Europas. Die deutsche Europaabgeordnete Ska Keller sagte, ihre Partei lehne diese „Aufweichung von Schengen" entschieden ab. „Das Europaparlament hat bei der Verteidigung einer der wichtigsten Errungenschaften der EU kläglich versagt."

(aus: SPIEGEL Online, 2013)

© Ernst Klett Sprachen GmbH, Stuttgart 2016 | www.klett-sprachen.de | Alle Rechte vorbehalten
Von dieser Druckvorlage ist die Vervielfältigung für den eigenen Unterricht gestattet.
ISBN 978-3-12-675267-1

Grenzen und Freiheiten (Textsammlung 2)

Text 1: Foto aus Berlin, Prenzlauer Berg

© Ernst Klett Sprachen GmbH, Stuttgart 2016 | www.klett-sprachen.de | Alle Rechte vorbehalten
Von dieser Druckvorlage ist die Vervielfältigung für den eigenen Unterricht gestattet.
ISBN 978-3-12-675267-1

Grenzen und Freiheiten (Textsammlung 2)

Text 2: Zeitungsartikel „Prenzlauer Berg: Schwabenhass im Szenekiez"

Prenzlauer Berg Schwabenhass im Szenekiez

von Moritz Honert

Zugereiste aus dem Ländle gelten als Mietpreistreiber und Speerspitze der Gentrifizierung. Sie werden veralbert und angepöbelt, zuweilen schlägt ihnen sogar Hass entgegen. Ein Schwabe schlägt jetzt zurück, mit Pinsel und Farbe. Doch woher kommt dieser Hass? Und wo führt er hin?

Die Wörter Hass und Hase trennt nur ein einziger Buchstabe. Aber der genügt, um aus einer Beleidigung einen Witz zu machen. „Da muss man ein wenig ausholen, um das zu erklären", sagt Chris, hockt sich auf der Straße hin und macht seinen Rucksack auf. Der 28-Jährige wuchtet einen Eimer weiße Farbe in den Sack. [...]

Ein paar Wochen zuvor. Berlin, Mauerpark, ein Sonntagnachmittag im April. Chris war mit Freunden verabredet. Sie wollten sich die Karaoke-Show im Amphitheater ansehen. [...]

Wie sonst auch erklommen sie die Stufen, suchten sich in dem Gewühl einen Platz auf den Rängen und blickten in die Tiefe – da brüllte es ihnen in gut ein Meter hohen Lettern entgegen: „TOTALER SCHWABEN HASS" stand auf dem Rund der Amphitheaterbühne.

In Chris, der an der Hochschule für Technik und Wirtschaft studiert, regte sich Zorn. Als Schwabe in Berlin hat er mehr als einmal erlebt, dass ihm mancher nach dem Kickern in der Kneipe nicht mehr die Hand schütteln wollte, weil er alles kann außer Hochdeutsch und seine Landsleute seit geraumer Zeit als Sündenbock für steigende Mieten und zunehmende Spießigkeit herhalten müssen. Jetzt reicht es, fand Chris. Hass? Weswegen? Wem hat er etwas getan? Er trinkt keine Latte macchiato, er arbeitet in keiner Werbeagentur, er lebt nicht in einem Loft am Kollwitzplatz, in dem vorher vier alteingesessene Rentner und fünf Arbeiterfamilien Platz hatten.

Am nächsten Tag kaufte er zwei Tuben weiße Farbe und einen Anstreicherpinsel, dann zog er los. Mitten in der Nacht. Mit ein paar Strichen wurde aus „TOTALER SCHWABEN HASS" ein „TOTALER SCHWABEN HASE". Da noch Farbe übrig war, pinselte er noch einen Hasenkopf in die Mitte der Bühne. [...]

Es dauerte allerdings nicht lange, bis der Gegenschlag folgte. Kaum eine Woche später hatte sich der „HASE" wieder in „HASS" verwandelt, die Verantwortlichen hatten sogar unterschrieben: Quer über dem weißen Bunny prangte die Abkürzung „TSH".

Doch Chris gibt nicht auf. [...]

(aus: Der Tagesspiegel online, 2011)

© Ernst Klett Sprachen GmbH, Stuttgart 2016 | www.klett-sprachen.de | Alle Rechte vorbehalten
Von dieser Druckvorlage ist die Vervielfältigung für den eigenen Unterricht gestattet.
ISBN 978-3-12-675267-1

Grenzen und Freiheiten (Textsammlung 2)

Text 3: Zeitungsartikel „Schwaben sollen ‚Schrippe' sagen – findet Thierse"

Schwaben sollen „Schrippe" sagen – findet Thierse

Knuffig und politisch korrekt: So kannte man Bundestagsvize Wolfgang Thierse bisher. Nun lästert er über integrationsunwillige Schwaben.

von Florian Kain

[…]

Berliner Morgenpost: Können Sie dem Nachbarschaftsmix mit den vielen Schwaben und Latte-Macchiato-Muttis etwas abgewinnen?

Thierse: Was sollte ich dagegen haben, dass im Prenzlauer Berg besonders viele Eltern mit Kindern wohnen? Es ist schön, dass das kein vergreistes Stadtquartier ist. Es sind andere Dinge, die das alltägliche Zusammenleben manchmal strapaziös machen.

Ich ärgere mich, wenn ich beim Bäcker erfahre, dass es keine Schrippen gibt, sondern Wecken. Da sage ich: In Berlin sagt man Schrippen, daran könnten sich selbst Schwaben gewöhnen. Genau das gleiche mit Pflaumendatschi. Was soll das? In Berlin heißt es Pflaumenkuchen. Da werde ich wirklich zum Verteidiger des berlinerischen Deutsch.

Ich wünsche mir, dass die Schwaben begreifen, dass sie jetzt in Berlin sind. Und nicht mehr in ihrer Kleinstadt mit Kehrwoche. Sie kommen hierher, weil alles so bunt und so abenteuerlich und so quirlig ist, aber wenn sie eine gewisse Zeit da waren, dann wollen sie es wieder so haben wie zu Hause. Das passt nicht zusammen.

[…]

(aus: Berliner Morgenpost, 2012)

© Ernst Klett Sprachen GmbH, Stuttgart 2016 | www.klett-sprachen.de | Alle Rechte vorbehalten
Von dieser Druckvorlage ist die Vervielfältigung für den eigenen Unterricht gestattet.
ISBN 978-3-12-675267-1

5. Geld – Einschränkung oder Möglichkeit?

45 min

Lernziele:

- kann Formen und Praktiken der Bedeutungsproduktion in der Fremdsprache (in Graffitis) erkennen (hinterfragen und erweitern)
- kann an der Bedeutungsproduktion in der Fremdsprache mitwirken (und diese erweitern)
- kann unbekannte Standpunkte / Diskurspositionen verstehen
- kann Diskurspluralität und alternative Diskurspositionen (an)erkennen

Materialien:

KV 60, Graffiti in Farbe (Dazu Klett-Online-Code **dw8g39k** auf www.klett-sprachen.de eingeben.)

Didaktischer Kommentar und mögliche Lösungen:

1a. und b. Bei diesen Aufgaben zu dem Graffiti des italienischen Künstlers *blu* handelt es sich um eine Reflexionsaufgabe zum Textarchiv in Einheit 4. Das Graffiti ist eine Bekundung zum Wandel der ehemals geteilten Stadt. Heute gilt das Bild als Symbol für Berlins Status als Hauptstadt der Street Art. Das Motto ist „Reclaim your city" (www.reclaimyourcity.net), also „Erobere deine Stadt zurück". Da das Graffiti mehrere Lesarten zulässt, wird während einer kurzen Diskussion im Plenum erneut die Argumentationskompetenz geübt.

Lesarten, die Sie u. a. thematisieren könnten, von links nach rechts: Die Mauer, die Ost- und Westberlin im Kalten Krieg trennte und die 1989 fiel bzw. umgestürzt wurde, wird nun zu einer Mauer, die mit Geld / Kapital zu tun hat. Wer es hat, kann frei entscheiden, z. B. wo er wohnt; wer kein Geld hat, kann dies nicht und muss wohnen, wo es billig ist. Lesart von rechts nach links: Dort, wo man die negativen Folgen der Gesetze des Kapitals abschafft und stattdessen ‚Kommunismus' und ‚Sozialismus' vorschreibt, wird auch dies zur Mauer, die Freiheiten einschränkt …

1c. Nach der Diskussion suchen die TN im Internet nach weiteren Graffitis des Künstlers und verfassen einen kurzen Beitrag für einen Reiseführer ihrer Wahl. Die TN können auch das auf dem Arbeitsblatt abgebildete Graffiti besprechen. Dabei machen sie Angaben darüber, wo sich das Graffiti befindet und stellen mögliche Interpretationen an. Dabei geht es nicht um die ‚eine richtige' Interpretation, sondern um mögliche Interpretationen. Die Werke des Künstlers sind bewusst mehrdeutig. Wenn Sie die Textsorte Reiseführer und typische sprachliche Mittel in Reiseführertexten thematisieren wollen, finden Sie Hilfe z. B. in Fandrych / Thurmair (2011).

Geld – Einschränkung oder Möglichkeit?

1a. Das hier fotografierte Graffiti des Künstlers blu befindet sich an einer Häuserwand im Bezirk Kreuzberg in Berlin, das früher in Ost- und Westberlin geteilt war. Beschreiben Sie das Graffiti.

1b. Welche ‚Freiheiten' und ‚Grenzen' werden hier wie thematisiert? Diskutieren Sie im Kurs.

1c. Schauen Sie sich weitere Bilder / Graffitis des Künstlers blu im Internet an.
Wo befinden sie sich? Was symbolisieren sie Ihrer Meinung nach?
Schreiben Sie einen kurzen Beitrag über ein Graffiti für einen Reiseführer Ihrer Wahl.

© Ernst Klett Sprachen GmbH, Stuttgart 2016 | www.klett-sprachen.de | Alle Rechte vorbehalten
Von dieser Druckvorlage ist die Vervielfältigung für den eigenen Unterricht gestattet.
ISBN 978-3-12-675267-1

6. Inszenierung von Grenzen

135 min

Lernziele:
- kann kreativ an der Bedeutungsproduktion in der Fremdsprache mitwirken (und diese erweitern)
- kann unbekannte Standpunkte / Diskurspositionen einnehmen und verstehen
- kann Diskurspluralität und alternative Diskurspositionen (an)erkennen

Materialien:
KV 47

Didaktischer Kommentar und mögliche Lösungen:
Die TN setzen sich zunächst nonverbal mit dem Thema ‚eigene und fremde Grenzen' auseinander. In der Interpretationsphase erweitern und hinterfragen sie die Bedeutungskonstruktionen sprachlich und kreativ.

1a. Bilden Sie Gruppen mit jeweils vier bis sechs TN. Jede Gruppe macht sich zunächst Gedanken über ein mögliches Standbild (eigene Grenzen: Kein Sex vor der Ehe, kein Fleisch essen; fremde Grenzen: Ausreiseverbot, kein Schweinefleisch essen), welches in Aufgabe 1b. versprachlicht werden kann. Anschließend modelliert ein TN als Skulpturenbauer die anderen Gruppenmitglieder, diese unterstützen ihn bei der Ideenfindung. Der Skulpturenbauer arrangiert Körperhaltung, Mimik, Gestik etc. Die TN sollten besonders auf den körperlichen Ausdruck achten.

1b. Die anderen Gruppen betrachten die Standbilder, beschreiben diese (Stimmungen, Emotionen), interpretieren die Haltungen und geben dem Standbild einen Titel. Die Standbilder können auch erweitert werden: Die Gruppenmitglieder können sprechen, sobald ihnen der Skulpturenbauer eine Hand auf die Schulter legt. Alternativ können TN aus den anderen Gruppen sich hinter eine Person im Standbild stellen und für diese sprechen.

1c. Die TN wählen zwischen verschiedenen Inszenierungsformen (z. B. Quiz, Rap, Rollenspiel, Interview, Werbespot, Geschichte aus 2 Perspektiven). Pro Präsentation sind drei Minuten vorgesehen.

1d. In der Abschlussphase treffen sich alle TN im Kreis. Der Austausch kann – wenn möglich und gewollt – in einer Mischung aus Ziel- und Erstsprache stattfinden und dient der Selbstevaluierung. Folgende Fragen können dabei helfen:

- Wobei haben Sie sich (un)wohl gefühlt? Warum?
- Welche Relevanz hat das Thema für Sie?

Der Ablauf sollte dynamisch und abwechslungsreich sein. Achten Sie darauf, dass dieselben Präsentationsformen nicht direkt hintereinander kommen, sondern nach einer ruhigen Vorstellung eine etwas schnellere, nach einer traurigen Präsentation eine lustige folgt etc.
Auch ein Videofeedback lohnt sich: Wenn die Präsentationen aufgezeichnet werden, können diese erneut abgespielt und gemeinsam analysiert werden.

Anmerkung:
Es empfiehlt sich, zu Beginn der Einheit einige (dramapädagogische) Aufwärmübungen durchzuführen.

Inszenierung von Grenzen

1a. Erarbeiten Sie in Ihrer Gruppe ein Standbild zum Thema ‚eigene und fremde Grenzen'.

Standbilder

Standbilder sind „stille" Arrangements von einer oder mehreren Personen. Sie stellen Aussagen zu einem Thema dar.

Lassen Sie Standbilder entstehen, indem Sie eine bewegte Handlung an einem bestimmten Punkt stoppen. Oder bilden Sie ein Standbild, indem Sie alle die entsprechende Mimik, Körperhaltungen und Abstände einnehmen.

1b. Präsentieren Sie Ihr Standbild auf der „Bühne". Bitten Sie die anderen Gruppen Ihr Standbild zu deuten:

- Welcher Titel passt zu dem Standbild?
- Welche Assoziationen ruft das Standbild hervor? Wie wirken die Figuren?
- Worum könnte es gehen? Wer oder was wird wo und wann dargestellt?

Ergänzen oder korrigieren Sie die Interpretationen der anderen Gruppen.

1c. Setzen Sie nun das von Ihnen erschaffene Standbild szenisch um. Bei der Wahl der Inszenierungsform können Ihnen folgende Fragen helfen:

- Welche Art der Inszenierung passt zu dem Thema?
- Welche Art des Inszenierens passt zu uns?
- Was interessiert unser Publikum vermutlich am meisten an unserem Thema?

1d. Präsentieren Sie Ihre Inszenierung auf der „Bühne". Die anderen Gruppen schauen und hören zu und geben anschließend Rückmeldung.

© Ernst Klett Sprachen GmbH, Stuttgart 2016 | www.klett-sprachen.de | Alle Rechte vorbehalten
Von dieser Druckvorlage ist die Vervielfältigung für den eigenen Unterricht gestattet.
ISBN 978-3-12-675267-1

7. Wir fahren irgendwohin – Reflexion

30 min

Lernziele:

- kann an Bekanntes anknüpfen
- kann an der Bedeutungsproduktion in der Fremdsprache mitwirken (und diese erweitern)
- kann den eigenen Standpunkt / Diskursposition vertreten (hinterfragen und erweitern)
- kann unbekannte Standpunkte / Diskurspositionen verstehen

Materialien:
KV 62

Didaktischer Kommentar:

1. Diese Aufgabe ist als abschließende Kreativaufgabe zu verstehen, die an Aufgabe 1 der Auftakteinheit anknüpft und die Lernenden als Subjekte anspricht. Die TN sehen sich ihre Ergebnisse aus *1. Wir fahren irgendwohin – Auftakt* noch einmal an und reflektieren in einem nächsten Schritt über ihre fremd- und selbstgesetzten Grenzen. Diese könnten beispielsweise sein:

- *fremdgesetzt:* kein Studium aufnehmen zu können, weil man kein Geld hat; nicht arbeiten zu dürfen, weil man mit dem Status als Asylsuchender keine Arbeitserlaubnis erhält; …
- *selbstgesetzt:* nach 18 Uhr keine Kohlenhydrate mehr essen, weil das ‚dick' macht; …

Als Vorentlastung können Sie oben genannte fremd- und selbstgesetzte Grenzen vor Bearbeitung der Aufgabe im Plenum diskutieren.

Anmerkung:
Diese Aufgabe kann auch als Hausaufgabe gestellt werden.

Wir fahren irgendwohin – Reflexion

1. *Auf dem Weg durchs Leben stößt man manchmal an Grenzen.*

    Sehen Sie sich Ihre Ergebnisse aus Einheit 1. Wir fahren irgendwohin – Auftakt noch einmal an.
    An welche Grenzen sind Sie in Ihrem Leben gestoßen und welche Grenzen setzen Sie sich selbst?

© Ernst Klett Sprachen GmbH, Stuttgart 2016 | www.klett-sprachen.de | Alle Rechte vorbehalten
Von dieser Druckvorlage ist die Vervielfältigung für den eigenen Unterricht gestattet.
ISBN 978-3-12-675267-1

Lösungen: Modul Menschen

3. Typisch Mann, typisch Frau?

1a. Was ist ‚typisch Mann', was ist ‚typisch Frau'? Ordnen Sie zu. Manche Aussagen passen mehrfach. Die ausgefüllte Tabelle könnte z.B. so aussehen:

	MANN	FRAU
Körper / Aussehen	trägt Anzug hat lange Haare hat kurze Haare hat einen Penis …	trägt Anzug hat lange Haare hat kurze Haare trägt Kleider …
Charakter	liebt Autos will unabhängig sein will Sicherheit …	liebt Blumen will unabhängig sein will Sicherheit …
Aufgaben	putzt die Wohnung macht den Haushalt putzt das Auto backt Kuchen geht arbeiten …	putzt die Wohnung macht den Haushalt putzt das Auto backt Kuchen geht arbeiten …
Sonstiges	raucht	bekommt Kinder

Lösungen: Modul Essen

2. Was kaufen andere?

1b. Lesen Sie die Aussagen noch einmal. Arbeiten Sie mit einem Partner zusammen und wählen Sie drei Personen aus: Was kaufen die Personen (nicht)? Welche Gründe nennen sie?

Wer?	Was kauft die Person?	Warum?	Was kauft die Person nicht?	Warum nicht?
1	das gesamte Salami- und Schinkensortiment (Prospekt 1)	▪ sieht appetitlich aus (wie rustikale italienische Brotzeit) ▪ man sieht, woher die Wurst kommt und dass sie frisch ist ▪ tolle Beschreibung ▪ Format, Bilder, Papier sehen edel und hochwertig aus	Produkte auf dem Prospekt 2	▪ Produkte sehen billig aus
2	das / die Schäufele, Parmaschinken, Italienische Produkte	▪ regionales Produkt = sympathisch ▪ Schinken: wird vom Stück abgeschnitten, sieht mager aus, wird nichts beigemischt ▪ Preis-Leistungs-Verhältnis stimmt	Schweinehaxe	▪ sieht eklig aus ▪ wirkt ungesund, fettig ▪ Abgepacktes ist unappetitlich (roher Fleischklumpen, schwabbelig, fettig)
3	Minutensteaks	▪ Angebot (Preis „springt einen an") ▪ trotz ökologischen Gewissens (je günstiger, desto schlechter die Tierhaltung) und wegen Anonymität der Supermärkte	Schweineschnitzel	▪ antibiotikabelastet
4	Fleisch direkt vom Bauernhof oder Fleischer	▪ Herkunft bekannt (bzw. kann erfragt werden) ▪ Ware frischer ▪ Menge kann man selbst bestimmen	nichts von den Prospekten	▪ alles von einem großen Hof (= Massentierhaltung) ▪ Herkunft unbekannt ▪ oder von weit weg (Rindfleisch aus Texas)
5	evtl. Biofleisch	für Gäste	kauft allgemein kein Fleisch	▪ ist Ovo-Lakto-Vegetarier ▪ Fleisch wird unter schlechten Bedingungen produziert ▪ ist teilweise hormonverseucht ▪ hat keinen großen Appetit auf Fleisch und fühlt sich ohne besser und gesünder

| 6 | evtl. Geflügel | • da gesünder, aber durch Verpackung (eingeschweißt) doch nicht | Schweinefleisch Wurst | • Arzt rät ab
• ist sehr ungesund (Cholesterin, Gicht, Übergewicht)
• hoher Fettgehalt
• bei Wurst viel dazu gemischt |
| 7 | Hähnchenflügel und Kammsteaks | • wird für das Grillen benötigt
• lassen sich gut vorbereiten und sind beliebt (rumknabbern)
• lassen sich unterschiedlich würzen | Salami | • ist nichts für ihn/sie
• kann er/sie sich nicht leisten
• mag lieber was, wovon man satt wird (ordentlich was auf dem Teller) |

*1c. Welche inhaltlichen Argumente (in Lösung <u>unterstrichen</u>) nutzen die Sprecher bei der Argumentation? Markieren Sie diese im Text. Achten Sie auch auf sprachliche Aspekte der Mündlichkeit (in Lösung **fett hervorgehoben**).*

1: Was optisch lecker aussieht, **find ich**, ist das gesamte Salami- und Schinkensortiment. <u>Das **sieht wie so eine** ganz rustikale italienische Brotzeit oder so'n Antipasti</u> aus, fehlt nur noch das Glas Rotwein. Sogar die Oliven stehen schon auf dem Tisch. Hier <u>sieht man, woher die Wurst kommt und dass sie frisch aufgeschnitten wird.</u> Komischerweise schaut man hier nicht zuerst auf die Preise, sondern zuerst auf die Bilder. Und wenn man dann auf den Preis guckt, **dann ist ja hier noch so ne** <u>tolle Beschreibung</u>: „16 Monate in der frischen Luft zwischen Flachland und Apenninen gereift" **hmm lecker**. Und man merkt auch: <u>das Format, die Bilder, das Papier … das ist alles so auf edel gemacht.</u> Die Prospekte, die **so extra billig aussehen**, die sind auch extra so aufgemacht, weil sie die Leute ansprechen, die im Prinzip etwas anderes suchen. Nämlich: **„Billig muss es sein und viel Fleisch – 1 kg nur 3,49 €!"** Und hier bei dem linken Prospekt ist es eher: **„Ich tu mir was Gutes und gebe mehr Geld aus."** Und dafür ist es dann auch <u>qualitativ hochwertig</u> und deswegen auch <u>schön angerichtet</u>, obwohl es vielleicht gar nicht immer so viel besser ist.

2: Was ich kaufen würde, ist das Schäufele. Oder die Schäufele?! Ich glaube, **das ist so was** <u>Regionales in Deutschland</u>. Das finde ich irgendwie <u>sympathisch</u>. Die Schweinehaxe **würd (m)** ich nicht kaufen. Ich finde, das <u>sieht eklig aus</u>. Ich denk immer, **das ist so … das ist so** <u>ungesund</u>. Außerdem sieht man hier diesen <u>rohen Fleischklumpen in der Plastikverpackung und der sieht irgendwie schwabbelig aus.</u> **Uäh.** Das ist immer <u>so fettig</u>.
So Sachen wie hier den Parmaschinken assoziiere ich hingegen immer mit <u>gesund</u>, denn der <u>sieht ganz mager aus</u>. Außerdem wird der <u>vom Stück abgeschnitten</u>. **Sieht man ja sogar** hier im Prospekt. **Und da denke ich**: das <u>kann kein Press- bzw. Formfleisch sein oder mit irgendwas vermischt werden</u>. Und die <u>italienischen Produkte sind von der Qualität her meiner Meinung nach ganz gut</u>. Wenn sie hier noch Panna Cotta oder Grana Padano hätten, würde ich die auch kaufen. Auch das <u>Preis-Leistungsverhältnis stimmt hier, auch wenn's ein bisschen teurer ist.</u>

3: Minutensteaks finde ich von der Sache her nicht schlecht. Und dann auch noch 10 %. Das ist sau-billig. Der **Preis springt einen richtig an.** Auch farblich. Aber dann kommt wieder das ökologische Gewis-sen bei mir durch. Also: umso billiger es ist, umso schlechter geht es wahrscheinlich den Rindern, von denen das Fleisch kommt. Bei Hühnchen **denk** ich auch immer gleich daran, dass die in Massenställen gezüchtet werden. Oder bei Schweinen. Das Schweineschnitzel **würd'** ich aber auf gar keinen Fall kaufen, da denk ich gleich an Antibiotika. Da sind mir auch die -18 % egal… Aber im Supermarkt ist es ja doch schon sehr anonym und dann vergisst man auch kurz die Bilder aus den Schlachthöfen und Massen-ställen. Also vielleicht würde ich das Minutensteak am Ende sogar kaufen.

4: **Hmm…** in dem einen Prospekt kommt fast alles vom Gut Ponholz. Scheint ein ziemlich großer Betrieb zu sein. Massentierhaltung **oder so.** Aber so richtig weiß man es eben auch nicht. Bei den Salami-und Schinkenspezialitäten weiß man erst recht nicht, wo die Sachen herkommen. Und dann **gibt's da** Rindfleisch aus Texas – **weil's** bei uns keine Rinder gibt… Das ist wieder was für deinen CO_2 – Abdruck. Dann wäre es vielleicht doch besser direkt **aufm** Bauernhof oder beim Fleischer einzukaufen. Hier kann ich wenigstens entscheiden, ob ich zum einen 100 g oder 150 g kaufe und zum anderen habe ich auch das Gefühl, dass die Ware dort frischer ist. Und auch die Herkunft ist dort vielleicht klarer, zumindest kann ich nachfragen und mich dann erst entscheiden.

5: Ich kaufe keine Wurst und auch kein Fleisch, denn ich bin Ovo-Lakto-Vegetarier, also ich esse z. B. Fisch, aber ich esse kein Huhn, kein Schweine- und auch kein Rindfleisch. Und das **mach** ich jetzt schon seit mehr als 16 Jahren. **Fast 18 Jahre.** Ich ernähre mich so, weil ich denke, dass Fleisch ganz oft unter sehr schlechten Bedingungen produziert wird, weil es teilweise hormonverseucht ist. Natürlich gibt es Biofleisch, was ich mir vorstellen könnte, vielleicht mal für Gäste zu kaufen. Aber ich selber habe gar keinen großen Appetit auf Fleisch. Ich fühle mich einfach besser und gesünder ohne Fleisch.

6: Wenn ich etwas kaufen müsste, dann wäre es Geflügel. **Schwein ist nicht so meine Fleischsorte.** Mein Arzt hat mir davon abgeraten. Ich habe vor Jahren aufgehört Schweinefleisch zu essen, denn es ist sehr ungesund. Cholesterin, Gicht , Übergewicht – **was man nicht Alles vom Schweinefleischessen be-kommen soll.** Und dann der hohe Fettgehalt. Und bei der Wurstproduktion wird ja auch noch allerhand dazu gemischt. **Das kann auch** nicht gesund sein. Da hat der Islam vielleicht schon Recht, dass er den Ver-zehr von Schweinefleisch gleich allgemein verbietet. Bleiben für mich hier auf dem Prospekt also nur die Hähnchenschenkel. **Wobei –** so eingeschweißt in Plastik kann das ja auch nicht gesund sein. Vielleicht **mach** ich mir heute Abend einfach einen Salat mit frischem Gemüse.

7: **Hmmm.** Wir haben **ja** morgen ein Grillfest **mit n paar** Freunden und da **brauch** ich sowieso noch Fleisch. **Also ich würd' ganz klar** die Hähnchenflügel nehmen. Die kann man gut vorbereiten und rum-knabbern tut jeder gern. **Hmmm.** Dann **würd'** ich noch drei Packungen von den Kamm-Steaks nehmen. Die kommen beim Grillen immer gut an. Bleiben schön saftig und man kann sie unterschiedlich würzen. Dieses edle **Salamizeugs aus Italien oder so** ist nichts für mich. Könnte ich mir auch gar nicht leisten bei meinem Gehalt. Ich will lieber ordentlich was auf'm Teller haben und **nicht den ganzen Abend auf einer Wurstscheibe rumkauen müssen.** Meine Kumpels sehen das genauso. Denen **bräucht ich bei nem Grill-fest nicht mit Karottensticks kommen.** Da isst schon jeder seine drei Scheiben Fleisch.

3. Die Kuh als Klimakiller?

1d. Markieren Sie in Text 1 Thesen und Argumente.
Markieren Sie danach Textstellen, die diese Argumente stützen (z. B. Autoritäten oder Zahlen).

Thesen	Argumente	Stützen
Rinder zählen zu den größten Klimakillern		Nach einer Studie der Welternährungsorganisation FAO entstehen mindestens 10 Prozent der vom Menschen verursachten Treibhausgase bei der Nutztierhaltung.
		Forscher des Worldwatch Institute berechneten sogar 51 Prozent
Kohlendioxid im Rinderatem gilt als ebenso schädlich wie aus dem Autoauspuff		
Eine besondere Gefahr geht vom Methan aus,	das sich im Verdauungstrakt der Wiederkäuer bildet und dann freigesetzt wird.	
Und das ist nur ein Teil des Öko-Problems.	Werden etwa in Südamerika Regenwälder abgeholzt, dienen die neugewonnenen Flächen oft der Fleischproduktion:	Ein Drittel nutzen die Großbetriebe für die Viehzucht, zwei Drittel für den Anbau von Futtermitteln. Obwohl Millionen Menschen noch immer hungern, fressen die Masttiere 35 Prozent der Getreideernte dieses Planeten. Für die Herstellung eines Kilogramms Fleisch werden mindestens zwei Kilo Getreide oder Sojafrüchte benötigt.

1e. Ergänzen Sie die Lücken.

> Elemente der Argumentation:
>
> Die <u>Streitfrage</u> wird mit Thesen und Argumenten beantwortet. Sie ist oft implizit.
> Die <u>These</u> ist eine eigene Behauptung.
> <u>Argumente</u> begründen Thesen (weil, denn …).
> <u>Beispiele</u> stützen Argumente.
> Der Bezug auf eine <u>Autorität</u> verweist auf eine anerkannte Person oder Institution, um für eine These zu argumentieren.

1f. Lesen Sie Text 1 noch einmal und ergänzen Sie die Sätze.

Im ersten Satz wird behauptet, <u>Rinder seien Klimakiller</u>.
In Satz 2 bis 4 wird das Argument vorgebracht, <u>Rinder verursachten durch CO_2- und Methan-Ausstöße Treibhausgase</u>.
Die Argumente werden durch Bezug auf Autoritäten gestützt, und zwar die Institutionen <u>Welternährungsorganisation (FAO) sowie Forscher des Worldwatch Institute und deren Statistik</u>.
Im ersten Satz des zweiten Absatzes wird erneut mit ‚das' die <u>Treibhausgasproduktion von Rindern</u> als Teil des Öko-Problems dargestellt.

Im zweiten Absatz wird eine weitere These vorgebracht: <u>Rinder seien ein Nahrungskonkurrent zum Menschen.</u> Auch diese These wird als unstrittig dargestellt. Dies wird argumentativ untermauert durch das Anführen von <u>statistischen Angaben über die Nutzung gerodeter Flächen für die Viehzucht.</u>

1g. Lesen Sie Text 2 noch einmal und streichen Sie die falschen Angaben in den Sätzen.

Im ersten Satz wird die These vertreten, dass die Kuh kein Klimakiller ist.
Als Argument dient, dass Rinder beim Fressen von Gras auf Weiden stehen. Diese Weiden binden klimaschädliches CO_2. Die Umwelt würde dadurch sogar geschützt.
Mit statistischen Angaben („40 Prozent der weltweiten Landflächen sind mit Grünland bedeckt" sowie „jede Tonne Humus bindet 1,8 Tonnen klimaschädliches CO_2") werden die Argumente untermauert.
Außerdem wird die These vertreten, die Kuh sei kein Nahrungskonkurrent des Menschen. Vielmehr wird im Text behauptet, dass der Klimakiller die „Agroindustrie" sei und nicht das Rind.

2b. In Text 1 werden eher negativ belegte Begriffe der Umweltdebatte verwendet, in Text 2 eher positive, wenn es um die Kuh als Weidetier geht. Markieren Sie diese Begriffe und erklären Sie, wie sie als Argumentationssignale wirken.

In **Text 1** werden für das thematisierte Tier die Ausdrücke ‚Rind', ‚Wiederkäuer' und ‚Masttier' verwendet. Diese sind im Zusammenhang des Themas eher negativ konnotiert. Insgesamt werden in Text 1 eher negativ konnotierte bzw. wertende Wörter und Wendungen verwendet, z.B.: besondere Gefahr, Klima-Killer, schädlich, Treibhausgas, Problem, Autoauspuff, Masttiere fressen ... vs. obwohl Millionen Menschen hungern, Planet (nicht nur die Erde ist durch die Masttierhaltung gefährdet, sondern das ganze Universum)

In **Text 2** heißt das Tier ‚Kuh, die Milch gibt'. Dies ist im Kontext der Debatte sicherlich eher positiv konnotiert aufzufassen. Auch wenn es sonst manchmal böse heißt: ‚blöde Kuh'! In Text 2 wird ein neutralerer bis positiver Ton angeschlagen: Zwar werden auch in Text 2 Begriffe wie ‚Klima-Killer' und ‚klimaschädlich', verwendet. Es überwiegen aber Wendungen, die im Zusammenhang der Umweltdebatte einen eher positiven Stellenwert einnehmen wie z.B.: Gras, Grünland, Vegetation, Weide, weiden, stabilisieren, Landschaft, eignen sich, wenn es um die Kuh als Weidetier geht.

2c. Warum werden in Text 1 eher negative und in Text 2 eher positiv konnotierte Begriffe verwendet?

Text 1 fokussiert negative Elemente, um so auf ein Problem aufmerksam zu machen. Text 2 argumentiert mit in der aktuellen Diskursgemeinschaft als ‚wünschenswert' anerkannten Elementen, da er die ‚positive' Leistung der Rinder in den Mittelpunkt stellen will, d.h. Möglichkeiten ihrer Nutzung als ‚Klima-Helfer' zum Ausdruck bringen will.

4. Tiere essen?

1. Lesen Sie die Texte. Markieren und notieren Sie.

Sammlung 1 (Text 1: Interview mit Josef Reichholf; Text 2: Beiträge aus einem Online-Diskussionsforum)

	Text 1	Text 2
Welche Personen oder Institutionen kommen zu Wort?	Josef Reichholf Biologe	Drei (anonyme) Beiträge in einem Online-Diskussionsforum
Welche Standpunkte und Interessen vertreten sie zum Thema ‚Tiere essen'?	Fleischverzehr war in der biologischen Entwicklung des Menschen ein entscheidender Schritt.	**1:** Der Mensch ist ein Allesfresser **2:** Es gibt keine eindeutige Antwort **3:** Der Mensch ist kein Fleischfresser
Welche Thesen vertreten sie?	Da das menschliche Gehirn im Verhältnis zum Körpergewicht sehr groß ist, braucht der Mensch viel Protein und Fettsäuren, um es mit Energie zu versorgen. Der Mensch braucht Fleisch, weil nur pflanzliche Proteine nicht unbedingt ausreichen, gerade in der Schwangerschaft. Weniger Fleischkonsum wäre aber durchaus möglich.	
Welche inhaltlichen Argumente bringen sie an?	Rein pflanzliche Ernährung ist möglich, aber liefert nicht automatisch die notwendigen Mengen und Zusammensetzungen, die der Körper benötigt. In der Schwangerschaft braucht der Körper zusätzliche Proteine für die Entwicklung des Kindes. Prinzipiell würde man aber mit ca. 1/3 des Pro-Kopf-Verzehrs in Deutschland immer noch alle notwendigen Stoffe zu sich nehmen.	**1:** Es gibt viele Menschen die gut ohne Fleisch leben. **2:** Eckzähne sind kleine Reißzähne. Verschiedene Gruppen verzichten auf unterschiedliche Dinge und alle leben gut. D.h. der Mensch ist ein Allesfresser **3.** Das eigene Wohlbefinden als Argument gegen Fleischgenuss.
Mit welchen sprachlichen und formalen Mitteln werden die Thesen und Argumente eingeleitet und bekräftigt?	Überperfekt → Übertreibung Führt Beispiele und Vergleiche an, belegt seine Argumente mit Zahlen (Fleischkonsum … 80 Kilogramm pro Kopf im Jahr)	

2a. Würden die Personen aus Ihren Texten Fleisch und Wurst einkaufen? Warum (nicht)?

Text 1:
Ja, hält Fleisch wichtig für die Entwicklung, würde Konsum jedoch reduzieren.
Text 2:
1. Eventuell, hat die Möglichkeit, muss es aber nicht
2. Eventuell, gibt keine Aussage zu sich selbst
3. Nein, auch ohne Fleisch beste Gesundheit

1. *Lesen Sie die Texte. Markieren und notieren Sie.*
   Sammlung 2 (Text 1: Interview mit Ethiker H. F. Kaplan; Text 2: 2 Grafiken)

	Text 1	Text 2
Welche Personen oder Institutionen kommen zu Wort?	Helmut F. Kaplan, Ethiker	Urheber der Grafiken unbekannt
Welche Standpunkte und Interessen vertreten sie zum Thema ‚Tiere essen'?	Kaplan lehnt das Töten von Tieren kategorisch ab.	Grafische Darstellung wie viele Tiere ein Mensch im Durchschnitt im Laufe seines Lebens isst (Grafik 1) und um wie viel geringer die Lebenserwartung eines Tieres als Nutztier im Gegensatz zu seiner natürlichen Lebenserwartung ist (Grafik 2) .
Welche Thesen vertreten sie?	Menschen dürfen Tiere nicht diskriminieren, quälen oder töten, denn auch Tiere haben (Selbst-) Bewusstsein, Rationalität und Autonomie.	**Grafik 1:** Der Mensch isst viele Tiere **Grafik 2:** Die natürliche Lebenserwartung eines Tieres ist um einiges höher als die eines Nutztieres
Welche inhaltlichen Argumente bringen sie an?	■ Fleischverzehr eines Durchschnittseuropäers (6 Schafe, 8 Kühe, 25 Kaninchen, 33 Schweine, 390 Fische, 720 Hühner) ■ Die Leidensfähigkeit eines Tieres entspricht der eines Menschen ■ Nicht nur Menschen sind ethisch-moralisch handelnde Lebewesen ■ Auch Tiere in Biobetrieben werden weit vor ihrem natürlichen Lebensende getötet ■ Auch wenn man das Ideal, keine Tiere zu töten, nicht 1000prozentig einhalten kann, so ist es dennoch nicht unsinnig, dieses Ideal anzustreben.	**Grafik 1:** Der ‚Deutsche' isst in seinem Leben viele Tiere, wobei ‚viele' hier dargestellt wird durch 4 Rinder, 4 Schafe, 12 Gänse, 545 Hühner. Wer der ‚Deutsche' ist bzw. wie lang seine hier zu Grunde gelegte Lebenserwartung ist, wird nicht weiter erwähnt. **Grafik 2:** Die natürliche Lebenserwartung eines Tieres ist um einiges höher als die eines Nutztieres; so liegt die natürliche Lebenserwartung einer weiblichen Legehenne bei 20 Jahren, wogegen die einer Legehenne bei 1,5 Jahren liegt; etc. Auch hier wird nicht näher erläutert was ‚natürliche Lebenserwartung' bedeutet und was ‚Nutztier' (Käfig, Freiland, Bio etc …) Beachten Sie: Auch eine Grafik / Statistik ist <u>eine</u> Perspektive und bildet NICHT (wie oft suggeriert) objektive Fakten ab. Siehe hierzu auch Einheit 5 dieses Moduls (Fakten?)
Mit welchen sprachlichen und formalen Mitteln werden die Thesen und Argumente eingeleitet und bekräftigt	Kaplan untermauert seine Argumente wissenschaftlich („ … das ist wissenschaftlich unbestritten" …). Hierfür verwendet er Statistiken (Fleischverzehr; Lebenserwartung von Tieren; 1% der Realität) und Vergleiche (… egal, ob er von Weißen, Schwarzen, Frauen etc.). Sieht man sich die Statistiken / Grafiken aus Text 2 an, sieht man, dass diese anders, aber ähnlich argumentieren. (siehe auch Aufgabe 6 dieser Einheit)	**Grafik 1:** Die grafische Darstellung setzt Zahlen in Piktogramme um; Die Visualisierung der Zahl durch das Tier verstärkt diese noch einmal und erhält so mehr Gewicht. **Grafik 2:** Aufgrund der Balkendarstellung werden die Diskrepanzen der beiden Parameter (natürliche Lebenserwartung vs. Nutztier) sehr deutlich. Dadurch, dass der obere Balken (Lebenserwartung) oben ist, gibt er auch den Parameter vor, an welchem gemessen wird.

2a. Würden die Personen aus Ihren Texten Fleisch und Wurst einkaufen? Warum (nicht)?

Kaplan würde aus ethisch-moralischen Gründen kein Fleisch einkaufen.
In den Grafiken gibt es hierzu keine Angaben.

1. *Lesen Sie die Texte. Markieren und notieren Sie.*
    Sammlung 3 (Text 1: Interview mit Felix Prinz zu Löwenstein; Text 2: 3 Bilder)

	Text 1	Text 2
Welche Personen oder Institutionen kommen zu Wort?	Felix Prinz zu Löwenstein. Er ist Ökobauer und Vorsitzender des Bundes Ökologische Lebensmittelwirtschaft	**Bild 1:** Tierschützer / Demonstranten: Bündnis 90 die Grünen, Bewohner aus Immenrode **Bild 2:** Tierschützer (klima-allianz deutschland = Bündnis für den Klimaschutz, das sich aus mehr als 110 Organisationen zusammensetzt, die sich gemeinsam dafür einsetzen, dass politische Rahmenbedingungen geschaffen werden, die eine drastische Senkung der Treibhausgase in Deutschland bewirken) **Bild 3:** Tierschützer
Welche Standpunkte und Interessen vertreten sie zum Thema ‚Tiere essen'?	Systemwandel in der Landwirtschaft	**Bild 1:** Ende der industriellen Landwirtschaft (Bauernhöfe statt Agrarfabriken) + Tierquälerei (Massentierhaltung) beenden **Bild 2:** Kein Futtermittelimport → Senkung der Treibhausgase **Bild 3:** Artgerechte Tierhaltung und -tötung
Welche Thesen vertreten sie?	These 1: Politisches Umdenken um Bewusstseinsänderung auf Verbraucherseite anregen (Wahrnehmen von Weltwandel und Globalisierung, Ursache für Fleischpreise). These 2: Systemwandel in der Landwirtschaft ist notwendig	**Bild 1:** Ein politisches Umdenken ist notwendig („Frau Merkel: Agrarfabriken abschaffen") **Bild 2:** Industrielle Massentierhaltung ignoriert den Klimawandel (haben kleines Verantwortungsbewusstsein). Klimaschutz machen andere → Mehr Klimaschutz ist nur mit weniger Tierhaltung möglich **Bild 3:** Schweinehaltung und Schlachtung muss verändert werden

Welche inhaltlichen Argumente bringen sie an?	Zu These 1: vernünftige Ernährung bedeutet kein Verzicht → besseres Fleisch bedeutet Qualität Zu These 2: „es geht um die Zukunft eines Ernährungssystems, das die ganze Welt angeht": Wiederkäuer wie Kühe werden falsch ernährt → ökologische Tierhaltung wichtig, bedeutet besseres Fleisch	**Bild 1:** Die Menschen gehen für Biobauernhöfe auf die Straße um ein Zeichen gegen Gentechnik und Agrarfabriken zu setzen. **Bild 2:** Fleischproduktion ist mitverantwortlich für weltweite Treibhausgase, durch Brandrodung zerstörte Waldflächen (wären für die Stabilisierung des Klimas notwendig); neu entstehende Flächen werden für den Anbau von Tierfutter genutzt **Bild 3:** Schweinehaltung und Schlachtung ist nicht artgerecht (4–6 Monate in dunklen Mastställen, Medikamente und Antibiotika werden unter das Futter gemischt)
Mit welchen sprachlichen und formalen Mitteln werden die Thesen und Argumente eingeleitet und bekräftigt?	Beispiele („Wir sind [z. B.] bei Schweinen …") und Zahlen („20 %") stützen die Argumente, Prinz zu Löwenstein verfällt in die Umgangssprache („völlig abartiges System"), wenn es darum geht, das andere System zu bewerten, Hilfeschrei / Kritik → Appel an die Politik und den Einzelnen	**Bild 1:** Bundeskanzlerin Merkel (CDU) wird direkt angesprochen. Ihr wird die Verantwortung zugeschrieben, sie „sitzt am längeren Hebel"; kurze prägnante Imperative („Agrarfabriken abschaffen") **Bild 2:** Verantwortliche werden direkt angesprochen (Liebe Massentierhalter und Fleischgroßkonzerne) → Provokation durch Bild (brennender Regenwald, Regenwald → Tropenholz, Südfrüchte + Pommes), durch Frage (Darf es auch ein bisschen mehr sein? Reicht die bisherige Brandrodung nicht aus?); die Provokation wird unterfüttert mit Fakten: Zahlen (Fleischproduktion verursacht 18 % der weltweiten Treibhausgase), Vergleichen (eine Fläche Regenwald, in der Größe Schleswig-Holsteins plus Thüringens) **Bild 3:** Bild von totem Schwein und eher stichwortartiger Text stehen im Kontrast zum Rezept + Serviervorschlag → Woher kommt eigentlich das Fleisch, welches wir essen und auf welchem Weg ist es auf unserem Tisch gelandet? Die deutliche Diskrepanz zwischen dem Rezept und Bild + Text kann den Einfluss haben, dass die Rezipienten sich besonders aktiv mit der Anzeige beschäftigen und sich anschließend leichter an den Inhalt erinnern.

2a. Würden die Personen aus Ihrem Text Fleisch und Wurst einkaufen? Warum (nicht)?

Text 1: Ja, aber in Maßen und qualitativ wertvoll (nicht aus Massentierhaltung)
Bilder: keine explizite Aussage; nachhaltige und artgerechte Haltung und Schlachtung werden aber thematisiert

6. Wurst und Wahn?

1b. Ordnen Sie die Überschriften den passenden Textteilen zu (mögliche Lösung im Text).

2a. Welche Perspektiven, Argumente, Muster aus anderen Texten des Moduls Essen finden Sie wieder?
Markieren Sie die entsprechenden Stellen (mögliche Perspektiven, Muster, Argumente stehen am Rand).

Jakob Hein: Wurst und Wahn. Ein Geständnis

Eine Randerscheinung wird durch die Medien entdeckt

Warum ich damals Vegetarier geworden bin, kann ich heute nur noch rekonstruieren, nicht mehr verstehen, Herr Kommissar. Ein paar Jahre vorher war es noch ganz harmlos mit ein paar Filmen und Büchern losgegangen. Die Filme liefen spät nachts, und die Bücher hat kaum jemand gelesen. Die Zeitungen griffen das Thema auf, es gab Berichte und Interviews. Zunächst ging ich davon aus, dass es bald ein anderes Modethema geben würde und alle bald wieder Fleisch essen würden wie vorher. Aber es kam leider anders. Eines Tages aß fast niemand mehr Fleisch. Die Zeiten hatten sich geändert. Die Leute rauchten jetzt auch nicht mehr und tranken immerzu koffeinhaltige Getränke. Ob sie noch Sex hatten, wage ich nicht zu beurteilen. Alles war freudlos und grau. Ständig wurde über die Spuren gesprochen, die man auf dem Planeten hinterlassen würde. Nicht einmal mehr das kleine Vergnügen einer Wochenendreise nach London oder einer nächtlichen Spritztour auf der Autobahn wurde einem gegönnt.

(Rand: Lebensweise, Moral, Gesundheit ...)

Ich habe mich schon immer gern angepasst

Ich meine, leichte Verachtung in Ihrem Blick zu erkennen, Herr Kommissar. Sicher sind Sie nicht gleich bei jeder Mode dabei und kennen auch das Gefühl beim Schwimmen, wenn Ihnen das Wasser des Flusses entgegenfließt. Ich meine, Sie sind Polizist geworden, das ist ja nicht gerade ein populärer Beruf. Aber ich bin da anders. Es war mir immer wichtig gewesen, nicht aus der Reihe zu tanzen, dabei zu sein. Als die Schlaghosen aus der Mode kamen, begann ich eben Karottenhosen zu tragen. Mit diesen freundete ich mich rasch an, weil sie einen hohen Tragekomfort mit einer großen Gnade gegenüber dem Körper des Trägers verbanden. Ich beschloss sogar, nie wieder etwas anderes zu tragen, und erklärte Karottenhosen zu meinem Stil. Doch schon die nächste Verkäuferin in einem Jeansshop hob diesen Beschluss mit einem indignierten Heben der linken Augenbraue wieder auf. Bald gab es keine Karottenhosen mehr zu kaufen und ich quälte mich wie alle anderen in Röhrenhosen und kämpfte allmorgendlich mit den drei Metallknöpfen.

(Rand: Mode / Trend)

Die Geschichte der Fleischerei Hess

Als die Fleischerei Hess zumachte, habe ich mich das erste Mal ernsthaft gewundert. Seit Jahrzehnten hatte Hess seinen Laden bei uns auf der Allee. Hinter der Glasvitrine standen wohlgenährte Frauen mit blassrosa Blutflecken auf den weißen Kittelschürzen, da, wo sie sich die Hände nach jedem Kunden kurz abwischten. Hess war eine Institution bei uns im Viertel, die Allee war ohne den Laden praktisch nicht denkbar, und dann war er zu. Umzingelt von Biomärkten, Gemüseläden und Läden mit selbst gepressten Säften und fair gehandelten Kaffeegetränken konnte Hess nicht mehr existieren. Ein paar Wochen stand der Laden leer, dann zog ein Wellness-Tempel ein. Das machte das Ende endgültig. Plötzlich gab es keinen Fleischer mehr bei uns.

Neue Regeln beim Verkauf von Lebensmitteln

Aber es war nicht nur das. Es gab im ganzen Viertel überhaupt kein Fleisch mehr. Die Restaurants hatten alle auf vegetarisch umgestellt, die letzten Imbisse verkauften Falafel und mit Käse oder

(Rand: Angebot)

Hummus beschmierte Brote, im Supermarkt richteten sie einen abgetrennten Bereich für den Fleischverkauf ein, den nur Erwachsene betreten durften. Ich fragte den Verkäufer, was denn passiert sei.

»Neue Vorschriften«, erklärte er achselzuckend. »Der Anblick von toten Tieren darf Minderjährigen und Vegetariern nicht mehr zugemutet werden. Aber es traut sich ohnehin keiner mehr, so was zu kaufen, und mit diesen abgetrennten Verkaufsbereichen wird es bestimmt nur noch schlimmer, da traut sich doch kaum noch jemand rein. Fleisch verkaufen wir praktisch nur noch als Tierfutter. Eigentlich schade drum.«

Wie ich mir darüber bewusst wurde, dass ich gerne Fleisch esse

Hätten Sie mich vor dieser Zeit gefragt, ob ich gern Fleisch esse oder nicht, ich hätte es Ihnen nicht sagen können, so wie ich Ihnen nicht sagen kann, ob ich gern atme oder nicht. Beides war für mich eine Selbstverständlichkeit, etwas, das ich täglich mehrmals tat und nie hinterfragte. Ich weiß seitdem, dass ich gern Fleisch esse. Wurst, Buletten, Schnitzel, Koteletts, Filets, Gehacktes, Geschnetzeltes und Geselchtes, Muskelfleisch und Innereien – alles schmeckt mir. Ich habe es gern, wenn der Geruch von Bratenfett schwer in der Wohnung liegt, weil ein Stück Kurzbratfleisch in der Pfanne liegt, ich schwärme für den Duft von Schweinebraten aus der heißen Backröhre. *(Geschmack)*

Ich habe Kindheitserinnerungen daran, dass mein Vater alle paar Wochen samstags saure Nierchen machte. Den ganzen Freitag über wässerte er die Nieren und schmorte sie in Vorfreude pfeifend am nächsten Tag mit Zwiebeln und saurer Sahne. Dazu machte er Salzkartoffeln und Krautsalat. Obwohl an diesen Tagen ein strenger Uringeruch in der Wohnung lag, ist meine Erinnerung daran schön und sonnig.

Nein, ich musste mir da nichts vormachen: Ich aß gern Fleisch.

Es begann eine anstrengende Zeit. In unserer Gegend gab es frei verfügbares Fleisch überhaupt nur noch im Imbiss auf dem Mittelstreifen, der im Volksmund schon immer liebevoll *Die Fettluke* hieß. Weil im Rahmen der Ausnahmeregelung für Kleinunternehmer Ein-Personen-Betriebe ja von strengsten Auflagen befreit sind, aber das muss ich Ihnen nicht erklären, Herr Kommissar. Wenn ich da stand und im Abgasgeruch der vorbeifahrenden Autos meine Currywurst aß, fühlte ich mich wie ein Tier im Zoo, ausgestellt auf einer künstlich errichteten Insel den Blicken der Besucher ausgeliefert. Während der Rotphase starrten mich die Fußgänger ausdruckslos an, duften sie überqueren, schauten sie kaum zu mir herüber, bei dem einen oder anderen schien ich ein angedeutetes Kopfschütteln zu erkennen. Ich konnte mir da nichts vormachen: Fleisch essen hieß nun definitiv gegen den Strom zu schwimmen.

Fleischverkauf und -verzehr werden diskriminiert

Der Verkäufer im Supermarkt hatte recht behalten, praktisch niemand traute sich in den separaten Fleischverkaufsbereich. Entspannt konnte man Fleisch nur noch im schlimmen Viertel unserer Stadt kaufen. Hier gab es sie noch: die Grillteller in den Restaurants, das Lamm vom Rost, die mit Hackfleisch gefüllten Blätterteigstücke beim Bäcker, das Formfleisch am Spieß. Allerdings lungerten da überall mediterran aussehende Gestalten herum: Kopftuchmädchen, Drogendealer, Wasserpfeifenraucher, Klappmesserschwinger. So gern ich mir dort ein paar Scheiben Lamm geholt hätte, waren mir die Ausflüge in diese brandgefährliche Zone doch zu riskant, denn man wusste nie, ob man dort Fleisch vom Spieß bekommen oder als Fleisch auf dem Spieß enden würde. *(Exklusion)*

Wer Fleisch kaufen wollte, hatte also nur die Wahl zwischen sozialem und tatsächlichem Harakiri. So weit war es gekommen. *(Ökologie, Umweltbewusstsein)*

7. Supertrumpf

1c. Sehen Sie sich die Extrakarte an.

▪ Eine mögliche Lösung für Kategorien, um das ‚Schaf' zu beschreiben:

Schaf	d2
Plastikanteil:	100 %
Durchmesser:	6 cm
Preis:	2,99 €
Haltbarkeit:	unkaputtbar
Spaßfaktor:	100 %
Kreativität:	25 %

1d. Ziehen Sie eine Geheimkarte. Notieren Sie 6 Kategorien, die diesen Begriff beschreiben.

Mögliche Kategorien, um ‚Liebe' zu beschreiben, entweder ohne Gewichtung (Karten 1 und 2) oder mit einer Angabe prozentualer Wichtigkeit (Karte 3).

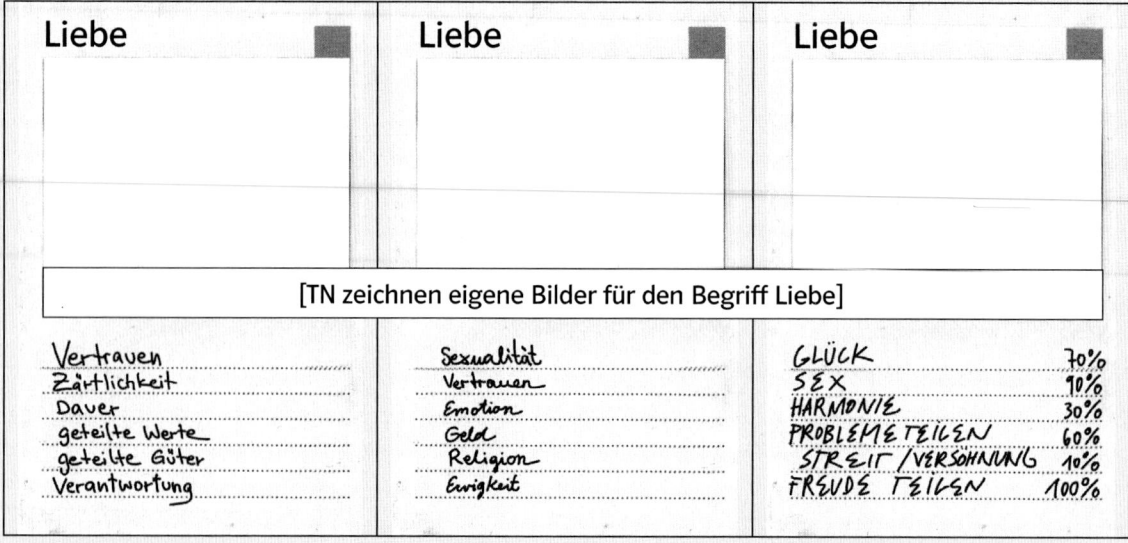

[TN zeichnen eigene Bilder für den Begriff Liebe]

Liebe	Liebe	Liebe	
Vertrauen	Sexualität	GLÜCK	70%
Zärtlichkeit	Vertrauen	SEX	10%
Dauer	Emotion	HARMONIE	30%
geteilte Werte	Geld	PROBLEME TEILEN	60%
geteilte Güter	Religion	STREIT / VERSÖHNUNG	10%
Verantwortung	Ewigkeit	FREUDE TEILEN	100%

Wie in den Beispielkarten gut zu erkennen ist, scheinen dem Begriff ‚Liebe' ähnliche Kategorien / Muster wie ‚Vertrauen', ‚Dauer' (Dauer, Ewigkeit), ‚Sexualität', ‚etwas teilen' (Werte / Güter, Freude / Probleme) zu Grunde zu liegen, aber auch Kategorien, die im kollektiven Gebrauch in diesem Zusammenhang vielleicht seltener zu finden sind (‚Religion').

Lösungen: Modul Mobilität

3. Migrationsgeschichten

*Lösungen über Online-Code zugänglich. Dazu Klett-Online-Code **dw8g39k** auf www.klett-sprachen.de eingeben.*

4. Grenzen und Freiheiten

1a. Sehen Sie sich die folgenden Texte an. Diese Fragen können Ihnen dabei helfen.

- Welche Personen bzw. Institutionen kommen in den Texten zu Wort?
- Welche Standpunkte und Interessen vertreten sie zum Thema ‚Grenzen und Freiheit'?
- Welche inhaltlichen Argumente bringen sie an?

1b. Markieren und notieren Sie, wie die Argumente (sprachlich und formal) eingeleitet und untermauert werden.

Sammlung 1, Text 1: Reportage „Ausländerlotterie"

1. Eingangssequenz: Ursula von der Leyen [00:00:00–00:00:36]	**Worum geht es? Wer spricht?** ■ Eine Off-Sprecherin führt in das Thema ‚Anwerbung ausländischer Fachkräfte' ein. ■ Ursula von der Leyen, kurzer Zusammenschnitt Ihrer Aussagen zum Thema **Standpunkte und Interessen:** Die deutsche Wirtschaft hat einen großen Fachkräftemangel und sucht motivierte, junge Menschen, die in Deutschland arbeiten möchten. Hierfür wird (u.a. in Südeuropa) Werbung gemacht. **Argumente:** Zuwanderung wird benötigt, da Deutschland in vielen Bereichen zu wenige Fachkräfte hat und aus diesem Grund u.a. Aufträge nicht erfüllen kann, Steuereinnahmen verliert etc. **(Film)Sprachliche Mittel:** ■ Direkte Anrede des Betrachters: „Wir brauchen Sie! Wir freun uns auf Sie". ■ Musik: dramatische Klaviermusik im Hintergrund ■ überwiegend fröhliche, lächelnde Menschen
2. Beispiele von Migranten (wählen Sie bitte eine Biographie aus!) [00:00:36–00:05:46]	**Worum geht es? Wer spricht?** 3 Beispiele junger, motivierter Migranten, die bereits seit mehreren Jahren in Deutschland leben und hier eine Ausbildung machen oder arbeiten möchten aber aus unterschiedlichen Gründen (ungesicherter Aufenthaltsstatus) nicht dürfen sowie ein potentieller Arbeitgeber / Ausbilder (Christian Bauer). Es sprechen Jasmina Ilic, Edik Sarkissian, Milos Ilic sowie Christian Bauer (Milos Ilics Meister). Die einzelnen Beispiele werden durch einen Off-Sprecher eingeführt, vorgestellt und kommentiert. Die Kommentare werfen immer wieder die Frage auf, warum die bereits hier anwesenden, motivierten Migranten keine Möglichkeit bekommen, eine Ausbildung zu machen und hier zu arbeiten.

	Standpunkte und Interessen: Wir sind Migranten, leben aber (schon lange) in Deutschland, möchten hier arbeiten, dürfen aber nicht. **Argumente:** <ul><li>Jasmina Ilic möchte Erzieherin werden, da ihr dieser Beruf Spaß macht und Erzieherinnen dringend benötigt werden. Da sie aber keinen gesicherten Aufenthaltsstatus hat, findet sie nur schwer einen Ausbildungsplatz.</li><li>Edik Sarkissian ist in Deutschland aufgewachsen und soll nun nach Armenien abgeschoben werden. Er hat ein Praktikum als Teppichverleger gemacht und würde einen unbefristeten Arbeitsvertrag erhalten. Diesen kann er wegen seines ungesicherten Aufenthaltsstatus nicht annehmen.</li><li>Milos Ilic hat eine Ausbildung als Tischlergeselle. Da er mittlerweile eine befristete Aufenthaltserlaubnis hat, kann er erst einmal in seinem Beruf arbeiten. Die Angst vor Abschiebung bleibt aber.</li><li>Christian Bauer (als potentieller Arbeitgeber) hat keine Kalkulations- / Planungssicherheit wenn er Migranten mit ungesichertem Aufenthaltsstatus einstellen möchte.</li></ul>**(Film)Sprachliche Mittel:** Alle drei Sprecher erzählen ihre Geschichte im O-Ton. Den Sprechern wird viel Zeit eingeräumt, ihre Geschichte zu erzählen. Unterstrichen werden die sehr persönlichen Geschichten durch lange Einstellungen, Großaufnahmen (Sprecher frontal, Blick in die Ferne …), etc. Den drei Beispielen werden Sequenzen gegengeschnitten, die die Regierungsseite, personifiziert durch Frau von der Leyen, und ihre Aussagen fokussieren. Diese Schnitttechnik verstärkt den scheinbar unüberwindbaren Gegensatz der einzelnen vorgestellten Biografien (Migranten, die bereits hier sind und arbeiten wollen) und der Politik (Anwerbung von Fachkräften aus dem Ausland).
3. Schlusssequenz: Präsentation der Kampagne ‚Yes we're open' [00:07:06–00:07:17]	**Worum geht es? Wer spricht?** – **Standpunkte und Interessen:** – **Argumente:** Die letzte Sequenz verdeutlicht noch einmal sehr schön den Standpunkt der Reportage: „Abschiebung, obwohl Arbeitskräfte fehlen. Das könnte man ändern, wenn man denn wirklich offen sein wollte" (O-Ton). **(Film)Sprachliche Mittel:** Dass die Politik nicht wirklich ‚offen' zu sein scheint wird durch das gewählte Bildmaterial verstärkt: Gezeigt wird eine Gruppe lächelnder Migranten / Ausländer, die vor einer scheinbar geöffneten Türe stehen. Scheinbar, da die Tür direkt vor einer Wand aufgestellt wurde – die diese nun endgültig verschließt.

Sammlung 1, Text 2: Titelbild der Zeitschrift „Jungle World"

Worum geht es? Wer spricht?

Ein Journalist der Zeitung „Jungle World"

Standpunkte und Interessen:

Nach dem Fall der Mauer in Berlin und Deutschland, der Deutsche ‚vereinigte' wird wieder an einer Mauer gebaut. Diese ermöglicht es Flüchtenden und Asylsuchenden nicht, in Deutschland bzw. Europa ‚Fuß zu fassen'. Dies wird beklagt. Beim Leser soll Aufmerksamkeit für die These bzw. den konstruierten Zusammenhang hergestellt werden. Aufmerksamkeit wird auch dafür geschaffen, die Beiträge auf S.3 bis 5 der Zeitung (nicht Teil des Materials) zu lesen.

Argumente im Bild:

- Die „Berliner Mauer": als ‚Grenze'; patiniert (‚ewig'), grau (‚dunkel'), von unten nach oben fotografiert (‚unüberwindbar')
- im Gegensatz dazu: blauer Himmel + Wolken (‚Freiheit', ‚grenzenlos' vgl. Liedtext von R. Mey: „Über den Wolken, muss die Freiheit wohl grenzenlos sein" …)

Argumente im Text:

- Die Asylrechtsänderung aus dem Jahr 1993 und deren Folgen werden als faktisches Abschaffen des Asylrechts in Deutschland beklagt.
- implizit: europarechtliche und -politische Sicherheitsmaßnahmen: ‚Frontex', ‚Festung Europa', ‚Dublin 2-Verfahren'
- nationalistische und rassistische Übergriffe 1993 in Solingen
- Das Schüren von Angst vor Überfremdung auch heute (20 Jahre danach)

Sprachliche und formale Mittel:

- implizit: ‚Berliner Mauer' als Metapher
- implizit: Mauerbau 1961 („wird *wieder* eifrig an einer Mauer gebaut")
- dem ‚Mauerfall' (Erinnerung an Ermöglichung von „Freiheit" für Bürger der DDR 1989 aber auch der ‚eingesperrten' Bewohner West-Berlins im positiven Sinne im kollektiven Gedächtnis) wird „20 Jahre Mauerbau" (Erinnerung an Solingen + Änderung des Asylrechts 1993 und Ist-Zustand heute für Flüchtende und Asylsuchende in Deutschland und Europa) konträr gegenübergestellt.
- bei der Argumentation wird ein sich wiederholendes zirkelhaftes Grund-Folge-Verhältnis konstruiert: „Nach dem Fall der Mauer" anationalistische / rassistische Tendenzen in Deutschland (Solingen) → „und in deren Folge" Abschaffung des Asylrechts (wie eine Mauer) → 20 Jahre später dasselbe: „seitdem wird wieder an einer Mauer gebaut", nur auf Europa ausgedehnt → Abriegelung Europas aus Angst vor Überfremdung
- Die Frage, wer für das Schüren von Angst verantwortlich ist und wer die Mauer baut wird durch die Verwendung des Passivs vermieden, das Passiv drückt gleichzeitig ‚Verallgemeinerung' aus.

Sammlung 1, Text 3: Online-Artikel „Schengen-Reform: EU-Länder dürfen Grenzen wieder dicht machen"

Worum geht es?

EU-Länder, die ihre Grenzen nicht mehr sichern können, sollen wieder Grenzkontrollen durchführen dürfen.

Wer spricht?

EU-Innenkommissarin Cecilia Malmström

BRD-Innenminister Hans-Peter Friedrich (CSU)

Ein EU-Diplomat

Europaabgeordneter Ska Keller (Grüne)

Standpunkte und Interessen:

Um illegale Einwanderungen nach Europa einzudämmen, sind Sprecher(in) 1 und 2 für verstärkte Grenzkontrollen, wenn ein Land die Grenzen nicht mehr sichern kann.

Für Sprecher 3 und 4 gefährdet die Schengen-Reform eine der Errungenschaften der EU. Außerdem besteht die Gefahr, dass willkürliche Grenzkontrollen nicht überprüfbar sind.

Argumente pro Reform:

Vertreter für die innere Sicherheit auf nationaler und europäischer Ebene (Sprecher 1 und 2) bezeichnen die Reform als „Notfallmechanismus". Sprecher 2 bezeichnet Schengen als „Fehlentwicklung". Staaten, die die EU-Außengrenzen nicht sichern können, brauchen Grenzkontrollen als Sonderregelung (Beispiel Griechenland). Die Reform diene der Eindämmung der „massenhaften Ankunft von Flüchtlingen" und „illegalen Einwanderern".

Argumente gegen Reform

Ein nicht näher benannter EU-Diplomat bezweifelt die korrekte Umsetzung der Reform. Er befürchtet, dass Länder „ungerechtfertigt Grenzen kontrollieren" können und dies im Nachhinein jederzeit erklären können. Für die Grünen bedeutet die Reform eine erneute „Abschottung Europas", die die „Errungenschaft" der Reisefreiheit mit Schengen gefährdet.

Sprachliche und formale Mittel

„massiv bedroht" vs. „Abschottung Europas"

„nur in außergewöhnlichen Umständen" und „Notfallmechanismus" vs. „Die Definition eines Notfalls sei … dehnbar"

Der Autor des Artikels bringt durch Zuweisung der Parteienzugehörigkeit (CSU und Grüne) die Polarität der Programme der Parteien in Bezug auf Grenzregulierungen zum Ausdruck.

Implizit: Schengen-Reform ist eine Forderung von Deutschland. Flüchtlinge kämen über Griechenland „– auch nach Deutschland".

Sammlung 2, Text 1: Foto aus Berlin, Prenzlauer Berg

Worum geht es? Wer spricht?

Ein ‚Schwabenhasser' aus dem Berliner Bezirk Prenzlauer Berg und jemand in Berlin, der sich als ‚Schwabe' angesprochen fühlt

Standpunkte und Interessen:

Der Schwabenhasser: ‚Schwaben' haben in Berlin nichts zu suchen,

Ein Mensch, der sich im Prenzlauer Berg als Schwabe angesprochen fühlt: Er will leben, auch in Berlin.

Argumente:

Argumente des Schwabenhassers: Dem ‚Schwaben' wird zugeschrieben:

1. spießig, d. h. kleinlich zu sein

2. seine Nachbarn zu überwachen

3. mit Berliner Kultur nichts anfangen zu können

Argumente des Anderen: Leben !!!

Sprachliche und formale Mittel:

Der ‚Schwabenhasser' setzt in seiner Aussage voraus, dass es mehrere „Schwaben" in Prenzlauer Berg in Berlin gibt. An ‚diese' Schwaben ist sein A-4 Blatt gerichtet, das er im Bezirk Prenzlauer Berg ausgehängt hat. Die Eigenschaften, die er den Schwaben zuschreibt, werden im Gegensatz zu Eigenschaften des (ehemaligen) Kiezlebens in Prenzlauer Berg bzw. zur „Berliner Kultur" im Prenzlauer Berg gesehen. Weil die zugeschriebenen Eigenschaften der einen (Schwaben) mit den zugeschriebenen Eigenschaften der anderen (Berliner) nicht im Einklang stehen, stellt der Autor die Frage: „Was wollt ihr (Schwaben) eigentlich hier???" Die 3 Fragezeichen deuten darauf hin, dass er in diesem Widerspruch nicht nur keinen, sondern gar keinen Sinn sehen kann / will.

Auf die Frage „Was wollt ihr eigentlich hier???" kontert der Antwortende mit dreifachen Ausrufezeichen: „Leben!!!" Dies betont zum einen seinen Standpunkt bzw. sein Interesse, (hier) leben zu wollen. Der Antwortende macht sich mit dieser Wiederholung des formalen Mediums (??? → !!!) aber auch lustig über den Fragenden. Leben ist zum einen bekanntlich ein Menschenrecht, das für ‚alle' gilt. Die Aussage ist vielfach mehrdeutig. Es kann ausdrücken, „Ich will hier leben, genau wie du", Es kann aber auch ausdrücken: „Ich will hier leben, weil da, wo ich herkomme (‚Schwabilonia' / ‚Schwabenland' / Baden Württemberg) halte ich es als Liebhaber der Berliner Kultur und Mensch, der nicht spießig und überwachungswütig ist, nicht mehr aus.

Sammlung 2, Text 2: Zeitungsartikel „Prenzlauer Berg: Schwabenhass im Szenekiez"

Worum geht es? Wer spricht?
Chris (Student an der Hochschule für Technik und Wirtschaft in Berlin, kommt aus Schwaben) bekommt durch den Artikel eine Plattform, → Handlungen und Kommentare der Schwabengegner werden ihm dabei gegenüber gestellt (der Autor des Artikels dient dabei als Sprachrohr)

Standpunkte und Interessen:
Chris möchte nicht als „Sündenbock für steigende Mieten und zunehmende Spießigkeit" herhalten

Argumente:
Er (Chris) hat niemandem etwas getan: „trinkt keine Latte Macchiato, er arbeitet in keiner Werbeagentur, er lebt nicht in einem Loft am Kollwitzplatz, in dem vorher vier alteingesessene Rentner und fünf Arbeiterfamilien Platz hatten."

Sprachliche und formale Mittel:
Chris nutzt den öffentlichen Raum, um mit Farbe + Witz gegen die Anfeindungen zu handeln;
Autor: ähnlich eines Tagebuches skizziert Honert das Duell zwischen Schwabengegnern und einem Schwaben aus dessen Perspektive

Sammlung 2, Text 3: Zeitungsartikel „Schwaben sollen ‚Schrippe' sagen – findet Thierse"

Wer spricht?
Wolfgang Thierse, Bundestagsvizepräsident (2005–2013)

Standpunkte und Interessen:
bemängelt, dass die Esskultur in Berlin-Prenzlauer Berg unter dem Zuzug von Schwaben leide

Argumente:
die zugezogenen Kleinstädter passen sich der Großstadt (sprachlich) zu wenig an

Sprachliche und formale Mittel:
sprachliche Gegenüberstellung des Berlinerischen und des Schwäbischen, wobei die Berliner Bezeichnungen „Pflaumenkuchen" und „Schrippen" als die einzig richtigen (in Berlin) verstanden werden

Bildquellenverzeichnis

Cover Shutterstock (anpannan), New York; **Cover** Shutterstock (anpannan), New York; **Cover** Shutterstock (anpannan), New York; **KV 2** Shutterstock (Pornsak Paewlumfaek), New York; **KV 8.1** Fotolia.com (Denis Junker), New York; **KV 8.2** Thinkstock (jojoo64), München; **KV 8.3** Thinkstock (jojoo64), München; **KV 11/12** © Deutschlandstiftung Integration, Berlin; **KV 13.1** SPIEGEL-Verlag Rudolf Augstein GmbH & Co. KG, DER SPIEGEL 29/2014, Hamburg; **KV 13.2** SPIEGEL-Verlag Rudolf Augstein GmbH & Co. KG, DER SPIEGEL 29/2014, Hamburg; **KV 13.3** SPIEGEL-Verlag Rudolf Augstein GmbH & Co. KG, DER SPIEGEL 29/2014, Hamburg; **KV 13.4** SPIEGEL-Verlag Rudolf Augstein GmbH & Co. KG, DER SPIEGEL 29/2014, Hamburg; **KV 13.5** SPIEGEL-Verlag Rudolf Augstein GmbH & Co. KG, DER SPIEGEL 29/2014, Hamburg; **KV 13.6** SPIEGEL-Verlag Rudolf Augstein GmbH & Co. KG, DER SPIEGEL 29/2014, Hamburg; **KV 18.1** Shutterstock (Pressmaster), New York; **KV 18.2** Thinkstock (Ingram Publishing), München; **KV 18.3** Fotolia.com (Manuel Tennert), New York; **KV 18.4** Fotolia.com (eyeQ), New York; **KV 18.5** Thinkstock (cyano), München; **KV 18.6** Thinkstock (MrsWilkins), München; **KV 18.7** Shutterstock (Pressmaster), New York; **KV 18.8** ©Dorothee Wolters; **KV 18.9** Thinkstock (Medioimages/Photodisc), München; **KV 18.10** Thinkstock (JordiDelgado), München; **KV 18.11** Shutterstock (images.etc), New York; **KV 18.12** Shutterstock (Voyagerix), New York; **KV 18.13** Shutterstock (Procyk Radek), New York; **KV 18.14** Thinkstock (neyro2008), München; **KV 23.1** © 2013 GALERIA Kaufhof GmbH; **KV 23.2** Netto Marken-Discount AG & Co. KG, Maxhütte-Haidhof; **KV 35.1** © Fleischatlas 2013, Heinrich-Böll-Stiftung eV., Berlin; **KV 35.2** Veggie Times Nr. 5 (November 2012), S. 3, VEBU – Vegetarierbund Deutschland e.V., Berlin; **KV 37.1** DIE.PROJEKTOREN (Jörg Farys), Berlin; **KV 37.2** klima-allianz deutschland, Berlin; **KV 37.3** Denis Becker (PETA Deutschland e.V.), Dortmund, http://www.spiegel.de/fotostrecke/massentierhaltung-rezepte-und-ihre-tiere-fotostrecke-94014.html; **KV 38** food-monitor, Krefeld, http://www.food-monitor.de/2010/05/fleischverzehr-in-deutschland-trotzt-der-krise/pressemeldungen/markt-und-produkte_554/; **KV 39.1** LfL-IEM, Freising; **KV 39.2** VEBU – Vegetarierbund Deutschland e.V., Berlin; **KV 39.3** VEBU – Vegetarierbund Deutschland e.V., Berlin; **KV 45** © www.wurstquartett.de, Berlin; **KV 48.1** Thinkstock (Digital.Vision), München; **KV 48.2** Thinkstock (Aydın Mutlu), München; **KV 49.1** © Ralf Grauel; **KV 49.2** © Copyright Sasi Group (University of Sheffield) and Mark Newman (University of Michigan); **KV 50.1** © Maja Smrcek; **KV 50.2** Thinkstock, ONiONAstudio, München; **KV 55** picture alliance/dpa / PA / Markus C.Hurek (Titel), PA/Okapia (oben) / Jungle World Nr. 21/2013; **KV 57** © Rebecca Zabel; **KV 60** © Rebecca Zabel

Textquellenverzeichnis

KV 9 Auszug aus: Fleischhauer, Jan (2013): S.P.O.N. – Der Schwarze Kanal: Dummdeutsch im Straßenverkehr, http://www.spiegel.de/politik/deutschland/neue-geschlechtsneutrale-stvo-dummdeutsch-im-strassenverkehr-a-891487.html; **KV 27** Auszug aus: Holm, Carsten (2011): Eine Welt ohne Wurst, in SPIEGEL 3/2011, S.45–46, http://magazin.spiegel.de/EpubDelivery/spiegel/pdf/76397380; **KV 32** Deutschlandradio Kultur (2011): Biologe: Der Mensch braucht Fleisch, http://www.deutschlandradiokultur.de/biologe-der-mensch-braucht-fleisch.954.de.html?dram:article_id=145967; **KV 34** Auszug aus Interview mit Helmut F. Kaplan (2011): Das Interesse der Schweine, in SPIEGEL 3/2011, S. 45, http://magazin.spiegel.de/EpubDelivery/spiegel/pdf/76397381; **KV 36** Auszug aus Deutschlandradio Kultur (2011): Öko-Verband fordert Systemwandel in der Landwirtschaft, http://www.deutschlandradiokultur.de/oeko-verband-fordert-systemwandel-in-der-landwirtschaft.954.de.html?dram:article_id=145959; **KV 40/41** Auszug aus: Hein, Jakob (2011): Wurst und Wahn. Ein Geständnis, S. 8-13 ©2011, 2013 Verlag Kiepenheuer & Witsch GmbH & Co. KG, Köln; **KV 56** Auszug aus: SPIEGEL online (2013): Schengen-Reform: EU-Länder dürfen Grenzen wieder dicht machen, http://www.spiegel.de/politik/ausland/schengen-reform-eu-laender-duerfen-grenzen-zwei-jahre-lang-dicht-machen-a-902890.html; **KV 58** Auszug aus: Honert, Moritz (2011): Schwabenhass im Szenekiez, in Der Tagesspiegel online, 2011, http://www.tagesspiegel.de/berlin/prenzlauer-berg-schwabenhass-im-szenekiez/4544976.html; **KV 59** Auszug aus: Kain, Florian (2012): Schwaben sollen „Schrippe" sagen – findet Thierse, in Berliner Morgenpost, http://www.morgenpost.de/politik/article112322462/Schwaben-sollen-Schrippe-sagen-findet-Thierse.html